Fit for Future

Reihe herausgegeben von
Peter Buchenau
The Right Way GmbH
Waldbrunn, Deutschland

Die Zukunft wird massive Veränderungen im Arbeits- und Privatleben mit sich bringen. Tendenzen gehen sogar dahin, dass die klassische Teilung zwischen Arbeitszeit und Freizeit nicht mehr gelingen wird. Eine neue Zeit – die sogenannte „Lebenszeit" – beginnt. Laut Bundesregierung werden in den nächsten Jahren viele Berufe einen tiefgreifenden Wandel erleben und in ihrer derzeitigen Form nicht mehr existieren. Im Gegenzug wird es neue Berufe geben, von denen wir heute noch nicht wissen, wie diese aussehen oder welche Tätigkeiten diese beinhalten werden. Betriebsökonomen schildern mögliche Szenarien, dass eine stetig steigende Anzahl an Arbeitsplätzen durch Digitalisierung und Robotisierung gefährdet sind. Die Reihe „Fit for future" beschäftigt sich eingehend mit dieser Thematik und bringt zum Ausdruck, wie wichtig es ist, sich diesen neuen Rahmenbedingungen am Markt anzupassen, flexibel zu sein, seine Kompetenzen zu stärken und „Fit for future" zu werden. Der Initiator der Buchreihe Peter Buchenau lädt hierzu namhafte Experten ein, ihren Erfahrungsschatz auf Papier zu bringen und zu schildern, welche Kompetenzen es brauchen wird, um auch künftig erfolgreich am Markt zu agieren. Ein Buch von der Praxis für die Praxis, von Profis für Profis. Leser und Leserinnen erhalten „einen Blick in die Zukunft" und die Möglichkeit, ihre berufliche Entwicklung rechtzeitig mitzugestalten.

Weitere Bände in dieser Reihe http://www.springer.com/series/16161

Anke Ames

Schlüsselkom-petenz Zuhören

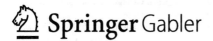

Anke Ames
Persönlichkeitszentrum Münsterschwarzach
Würzburg, Deutschland

Fit for Future
ISBN 978-3-658-27187-9   ISBN 978-3-658-27188-6 (eBook)
https://doi.org/10.1007/978-3-658-27188-6

Die Deutsche Nationalbibliothek verzeichnet diese Publikation in der Deutschen Nationalbibliografie; detaillierte bibliografische Daten sind im Internet über http://dnb.d-nb.de abrufbar.

Springer Gabler

mit Illustrationen von Peter Schmitt

Springer Gabler ist ein Imprint der eingetragenen Gesellschaft Springer Fachmedien Wiesbaden GmbH und ist ein Teil von Springer Nature.
Die Anschrift der Gesellschaft ist: Abraham-Lincoln-Str. 46, 65189 Wiesbaden, Germany

Vorwort

Einfach mal zuhören. Ja, wenn das mal so einfach wäre. Ich trug die Idee zu diesem Buch lange mit mir herum. Irgendwie spürte ich die große Bedeutung des Zuhörens als Grundlage für echte Verbindungen – ob im privaten Bereich oder im Arbeitsumfeld. Ob mit Kunden, Kollegen oder in der Beziehung Chef-Mitarbeiter. Mich beschlich zunehmend die Erkenntnis, dass sich das Zuhören trotz aller Trainingsmaßnahmen, die es im Bereich Kommunikation gibt, immer weiter verschlechterte. Das löste ein tiefes Gefühl der Unzufriedenheit in mir aus. Ich stieß auf Menschen, die nur noch mit halbem Ohr bei der Sache waren, weil es wichtiger schien, die neuesten Instagram-Posts zu lesen. Oder diejenigen, die ein derartiges Redebedürfnis hatten, dass sie nicht einmal auf die Idee kamen, zu fragen, wie es dem Anderen geht. Unfähige Verkäufer, die nicht in der Lage waren, meine Bedürfnisse beispielsweise beim Autokauf herauszufiltern, sondern mir stattdessen die neuesten technischen Errungenschaften präsentierten. Die wiederum führten lediglich dazu, dass ich vom Kaufinteresse wieder Abstand nahm.

Ich begann darüber nachzudenken, warum das so ist und fing an zu recherchieren. Auf der Hand lag, dass die zunehmende Reizüberflutung durch die mediale Welt den Menschen überfordert. Hinzu kommt unser völlig verändertes Kommunikationsverhalten. Die heutige Jugend telefoniert nicht mehr. Sie wartet nicht mehr auf Antwort. Vielmehr verschickt sie Sprachnachrichten. Ob Resonanz kommt oder nicht, ist für sie nicht unbedingt von Bedeutung. Nicht anders in der Business-Welt.

Überraschenderweise gewann ich beim Recherchieren Erkenntnisse, die mein Weltbild vom Zuhören veränderten. Es vertiefte sich mein Gefühl, dass echtes Zuhören die Meisterschaft in der Kommunikation ist und völlig zu Unrecht ein stiefkindliches Dasein führt.

Zuhören ist ein alter Hut, werden Sie vielleicht sagen. Es geht in diesem Buch auch nicht um eine Weltneuheit, von der die Menschheit bisher nicht wusste. Auch geht es nicht um einen hoch wissenschaftlichen Ausflug in die neuesten Ergebnisse der Hirnforschung oder um das Vermitteln von Techniken. Die sind bereits zur Genüge beleuchtet worden. In Tausenden von Büchern oder Trainingsmaßnahmen. Trotz aller klugen Techniken wie dem Aktiven Zuhören ist es unserer Gesellschaft nicht gelungen, die Fähigkeit Zuhören im Alltag gekonnt umzusetzen. Sie hat sich sogar zunehmend verschlechtert. Während die Zuhörfähigkeit abnimmt, steigt das Redebedürfnis der Menschen. Denn sie werden nicht mehr ausreichend gehört – ein Teufelskreis.

Daher geht es in diesem Buch vielmehr um Bewusstsein. Es geht darum, den Mehrwert des Zuhörens aufzuzeigen, das Bewusstsein für echtes Zuhören zu schärfen und diese Form der Kommunikation in den verdienten Mittelpunkt zu stellen. Wenn Sie echtes Zuhören in der digitalisierten Arbeitswelt beherrschen, sind Sie auf jeden Fall gut für die Zukunft gerüstet. Denn Sie heben sich in bedeutender Weise von der Masse (der vielfach erfolglosen Kommunizierenden) ab.

Wenn ich Sie inspirieren und Ihnen wertvolle Impulse mit dem Buch vermitteln kann, die Ihnen helfen Ihre Kommunikation zu verbessern, dann freue ich mich sehr!

Würzburg, Deutschland   Anke Ames

Inhaltsverzeichnis

1 **Eine Bestandsaufnahme**............................ 1
1.1 Auswirkungen der Leistungsgesellschaft 2
1.2 Die Digitalisierung und der Wandel............. 10
1.3 Schlüsselkompetenzen der Zukunft............. 13
1.4 Balancen................................... 18

2 **Zuhören in den Chefetagen** 23
2.1 Die veränderte Rolle der Führung 23
2.2 Wertschätzung ist kein Modewort 27
2.3 Vom Lohnarbeiter zum Mit- und Querdenker 33
2.4 Die Bedeutung des Small Talks............... 38

3 **Zuhören in Konfliktsituationen**................... 45
3.1 Perspektivwechsel 45
3.2 Achtsames Zuhören ohne Wertung 51
3.3 Von Triggerpunkten und Zuhörverhinderern 55

4 **Kunden brauchen Aufmerksamkeit** 61
4.1 Wertschätzung im Beschwerdemanagement 62
4.2 Auch negative Emotionen brauchen Raum 66
4.3 Im Verkauf 69
4.4 Der Unterschied zwischen Bedarf und Bedürfnis ... 77

5 Tipps für die Praxis 85

  5.1 Die Augen sind der Spiegel der Seele 86

  5.2 Körpersprachliche Signale erkennen 88

  5.3 Umgang mit Emotionen..................... 91

  5.4 Sprachmuster erkennen 94

  5.5 Beziehungen stärken 98

Literatur... 101

1

Eine Bestandsaufnahme

Zusammenfassung Leistungsgesellschaft und Digitalisierung erschweren die Kommunikation in der Geschäftswelt. Es wird nur noch einseitig über Mails, soziale Medien oder Sprachnachrichten per WhatsApp kommuniziert. Zugleich steigt das Bedürfnis nach Ausgleich und Gehörtwerden. Das gilt gleichermaßen für Kunden wie für Mitarbeiter und Kollegen – vor allem in Problemsituationen, wenn Emotionen eine Rolle spielen. Dabei ist die einseitige Kommunikation nicht der einzige Grund für ausbaufähiges Zuhören. Zuhören hat ein Prestigeproblem und ist für das Gehirn echtes geistiges Workout.

© Springer Fachmedien Wiesbaden GmbH, ein Teil von Springer Nature 2019
A. Ames, *Schlüsselkompetenz Zuhören*, Fit for Future,
https://doi.org/10.1007/978-3-658-27188-6_1

1.1 Auswirkungen der Leistungsgesellschaft

Keine Zeit fürs Zuhören.

Die digitale Welt. Fluch und Segen zugleich. Effizienz ist der Dirigent unsrer Zeit. Für die ärmsten Völker dieser Erde sind wir Industrienationen die ärmsten Kulturen. Wir haben zwar Geld, können uns viele Dinge leisten – aber eines haben wir nicht: Zeit.

Mir ist das auf dem Jakobsweg sehr bewusst geworden. Ich war mit der Motivation gestartet zu erleben, wie ich mit dem Alleinsein zurechtkommen würde. Auf der ersten Etappe von St. Jean Pied de Port – dem Beginn des sogenannten Camino Frances dem klassisch spanischen Weg – startete ich schon früh am Morgen. Ich wollte die Erste sein, denn ich wollte den Weg schließlich allein bestreiten. Meter für Meter ließ ich nicht nur Strecke hinter mir, sondern überholte alle. Obwohl ich auf dieser Etappe zunächst rund tausend Höhenmeter zu überwinden hatte. Egal!

Ich stellte meine Vernunft ab und zog durch. Ohne Pause. Kein kurzes Verschnaufen, keine Einkehr nach dem obersten Gipfel, kein Innehalten ob der wunderschönen Berglandschaft, die gerade in den Morgenstunden in malerisches Licht eingetaucht und wohl eine der schönsten Etappen überhaupt war. Ich zog durch. Am Abend stellte ich fest, dass ich tatsächlich keine einzige Pause gemacht hatte. In dem Moment wurde mir die Unsinnigkeit meines Anliegens bewusst. Alleinsein auf dem Jakobsweg zur Hochzeit im August ist so unmöglich, wie auf dem Petersplatz in Rom allein zu sein, wenn der Papst erscheint.

Die Erkenntnis traf mich schmerzlich. Es wäre egal, in welcher Zeit ich das Ziel erreichen würde, ob ich 30 Kilometer pro Tag in sechs, sieben oder auch zehn Stunden schaffte. Irgendwann würde ich mein Ziel erreicht haben.

Glich mein Hamsterrad-Alltag nicht genau dem, was sich mir gerade an Erkenntnis offenbart hatte: Ich rannte durch den Alltag, immer mit dem Fokus, zu leisten und alles zu erreichen, was ich mir vorgenommen hatte. Was verloren ging, war nicht nur Zeit für mich selbst, sondern auch echter Austausch mit Menschen. Das, was uns inspiriert, das was uns fühlen und mitfühlen lässt, uns berührt, uns Kraft verleiht und kreativen Austausch ermöglicht. Schlicht das, was uns als Menschen ausmacht.

Natürlich ist es auch ein Segen in dieser Welt zu leben. Wie schnell erreichen wir unsre Kunden, können Termine vereinbaren, ob wir zuhause oder auf Reisen sind, können Tickets buchen oder auf die Schnelle Geschenke für die Liebsten bestellen.

Wie einfach lassen sich Mails schreiben und verschicken mit einer Priorität, die wir zumindest zum Teil selbst beeinflussen können. Es lassen sich Details klären, es finden Videokonferenzen über den gesamten Erdball hinweg statt, ohne dass wir unseren Arbeitsplatz verlassen müssen. Wir können Bordkarten ausstellen lassen, für die kein Papier mehr ausgedruckt werden muss. Änderungen zu Flugzeiten werden auf elektronischem Weg mitgeteilt, so dass der Kunde in Sekundenschnelle Bescheid weiß und ihm zusätzliche Wege und damit Zeit erspart bleiben. Soziale Medien verbinden uns mit Menschen, die lange nicht mehr zu unserem Alltag gehören, aber trotzdem wichtig sind.

All das hat unser Leben trotzdem nicht leichter werden lassen. Wir sparen Zeit, indem wir keine Tageszeitung mehr lesen, sondern der Vorauswahl eines Facebook oder Xing-Posts vertrauen und aufgrund von Zeitnot gar nicht mehr prüfen, ob wir der Quelle überhaupt vertrauen können. Hotels werden über Checkportale ausgesucht – ungeachtet dessen, ob die positiven Bewertungen gefakt sind oder nicht. Viele Sternchen gaukeln Qualität vor. Und selbst, wenn die Bewertungen von echten Kunden stammen, ist unklar, ob dieser Hotelgast die gleichen Urlaubsvorstellungen hat wie man selbst. Arztbesuche sparen wir uns, das kostet viel zu viel Zeit. Vielfach wird inzwischen „Dr. Google" zu Symptomen und Behandlungsmethoden befragt. Irgendein Portal wird schon die passende Antwort auf unser Gesuch haben.

Und was ist mit unsrem Alltag?

Das Hamsterrad lässt grüßen (Abb. 1.1).

Wir haben einen vollgepackten Terminkalender. Anrufe erledigen, Mails beantworten, für Kunden da sein. Der Chef fragt, was der aktuelle Projektstatus macht. Ein Projekt, das nur auf der eigenen Agenda steht, weil man nicht schnell genug Nein sagen konnte und man kein passendes Gegenargument vorbringen konnte. Studien belegen, dass unser Gehirn inzwischen in einer Stunde mehr Informationen zu verarbeiten hat als ein Mensch vor hundert Jahren in seinem gesamten Leben.

Abb. 1.1   Hamsterrad

Doch mit der Arbeit nicht genug. In den Pausen werden permanent private Mails und WhatsApp-Nachrichten gecheckt, der aktuelle Social-Media-Status geprüft, Posts gestaltet und hochgeladen. Schließlich kommt keiner mehr an diesen modernen Medien vorbei. Nach einem langen Arbeitstag kommen wir nach Hause. Aber an Ruhe ist nicht zu denken. Die Erwartungen unserer Leistungsgesellschaft zeigen sich nicht nur im Arbeitskontext, sie beziehen sich längst auch aufs Private. Körperliche und geistige Fitness werden groß geschrieben. Und so werden nach der Arbeit die Sportschuhe angezogen und ein intensives Muskel-Workout durchgeführt.

Alternativ stehen wir in aller Herrgottsfrühe auf, um uns vor Arbeitsbeginn in die Laufschuhe zu werfen und die ersten zehn Kilometer hinter uns zu bringen. Wenn wir zur Generation derer gehören, die sich Hausarbeit und Kindererziehung teilen, weil Mann und Frau in gleichwertigen Jobs arbeiten, folgt jetzt die kurze Absprache, wer die Kinder zur Tagesstätte bringt und wer am Abend die Gute-Nacht-Geschichte vorliest. Auch die Kinder sollen nicht zu kurz kommen. Schließlich wissen wir aus Tausenden von Ratgebern, wie wichtig das Vorlesen für die geistige Entwicklung der Kinder ist. Abends fallen wir todmüde ins Bett, um am nächsten Morgen das gleiche Programm fortzusetzen.

In der Leistungsgesellschaft, in der wir uns bewegen, zählen nur harte Kriterien: Wer hat wann und wie welchen Umsatz erzielt? Wer ist in welcher Position, hat im Golfen welches Handicap und bewegt sich in welchen elitären geschlossenen Netzwerken wie Lions, Rotarier und Co? Nichts gegen solche Netzwerke und Verbindungen, sie sind heute wichtiger denn je für eine Karriere. Irgendjemand kennt jemanden, der jemanden kennt, der hilfreich sein könnte. Auch das muss in den Alltag gepackt werden.

Wer fährt welches Auto und in welche teuren Designer-klamotten werden zum Teil schon Kinder gesteckt? Bitte nicht falsch verstehen, ich möchte weder die Fahrer teurer Autos noch die Träger von Designerklamotten verurteilen – darum geht es nicht. Wenn Sie Nutznießer dieser materiellen Dinge sind und Sie großen Spaß daran haben, trägt es zu Ihrer Lebensfreude bei, und es sei Ihnen gegönnt.

Aber befinden wir uns nicht auf direktem Weg in einen Kollaps? Wenn ein Kind nur etwas zählt, wenn es gute Noten mit nach Hause bringt, wenn ein Mitarbeiter nur wichtig ist, wenn er sich rhetorisch am besten verkauft, wenn er den neuesten Technikkram auf seinem Schreibtisch hat und via Facebook mit Gott und der Welt verbunden ist – hat das echten Bestand? Entsprechen diese ganzen äußeren Werte wirklich den inneren? Was ist mit den Menschen, die dem Druck unserer Gesellschaft nicht mehr standhalten und mit chronischen Rückenbeschwerden und psychischen Problemen aus diesem permanenten Leistungsdruck aussteigen?

Sind sie die Loser der Gesellschaft oder nicht viel mehr diejenigen, die verstehen, dass es so nicht weitergehen kann?

Verlieren wir hier nicht das „Mensch sein"?

Praxisbeispiel

Der Geschäftsführer eines mittelständischen Unternehmens in Süddeutschland saß neulich bei mir im Coaching. Ich hatte die gesamte Führungsebene trainiert und erkundigte mich, wie es denn rund ein halbes Jahr nach der Maßnahme so laufe.

„Ja, gut", sagte der Geschäftsführer. Ich gab ihm Raum zum Reden. Sein Blick verriet, dass ihn vieles beschäftigte und er nach Worten suchte. Nachdenklich gab er an, dass die Geschäfte zufriedenstellend liefen. Also alles gut sei.

Pause.

„Naja, der Produktionsleiter hatte einen Burn-out ..."

Pause.

„Und die Marketingleiterin wurde wegen schwerer Depressionen in eine Klinik eingewiesen."

Entsetzt schaute ich ihn an.

„Aber sonst ist nichts."

Ich war fassungslos. Wie wenig fühlte der Geschäftsführer noch? Wie weit stand er abseits, unfähig auf solche Entwicklungen in seinem Verantwortungsgebiet zu reagieren. Es war derselbe Mensch, der mich ein halbes Jahr zuvor während eines Coachings zum Thema Mitarbeitergespräche gefragt hatte, was er machen solle, wenn ein Mitarbeiter weint. Für ihn eine Situation, die er am meisten fürchtete, weil er selbst keinen Bezug mehr zu den eigenen Emotionen hatte. Was das mit seiner Gesprächsführung machte, kann man sich nur lebhaft vorstellen.

Wir konnten zwar an seiner Technik arbeiten, aber so lange sein Inneres nicht bereit war, Zugang zu den eigenen Gefühlen zu bekommen, konnte er auch keine wirkliche Verbindung zu seinen Mitarbeitern herstellen. Was das mit der Produktivität machte, wenn hier zwei wichtige Entscheider über Monate hinweg ausfielen, wie sich die Führungslosigkeit, die sich mit Sicherheit schon lange davor angebahnt hatte, auf die betroffenen Mitarbeiter auswirkte, liegt auf der Hand. Das Unternehmen konnte sich noch glücklich schätzen, wenn das operative Tagesgeschäft nicht stark beeinträchtigt war. Wichtige Weichen für die Zukunft zu stellen oder Veränderungsprozesse anzustoßen war in diesem Zustand schlicht nicht möglich. Stattdessen hieß es für alle Kopf über Wasser halten.

Ein sehr typisches Beispiel aus der Praxis.

Doch welchen Einfluss haben Leistungsgesellschaft und Digitalisierung auf unsere Kommunikationsfähigkeit?

Verbale Intelligenz entsteht nicht durch einseitige Kommunikation.

Bereits 1995 fanden die Psychologen Betty Hart und Todd Risley heraus, dass Kinder, die in Armut aufwachsen, im Alter von vier Jahren rund 30 Millionen Wörter weniger gehört haben als Kinder aus wohlhabenderen Familien. Der Rückstand sei eng verbunden mit geringeren Fertigkeiten in der 1. Klasse, und daraus ließe sich schließen, dass sich eine schwächere akademische Leistung prognostizieren lasse. (Wallis 2018)

Zahlreiche weitere Studien zeigten, dass es vielmehr auf Qualität ankomme. Am wertvollsten sei der beiderseitige Austausch – das Hin und Her eines echten Dialogs. John Gabrieli, Professor für Neurowissenschaften am Massachusetts Institute of Technologie bestätigt dies.

> „Wir stellten fest, dass der bei weitem größte Antrieb für die Hirnentwicklung nicht die Anzahl der gesprochenen Wörter war, sondern die Anzahl der Gespräche." (Gabrieli 2019)

Eine Studie im Fachblatt „Psychologic Science" belegt das erneut. Es scheint als ob dieser Austausch die wesentliche Rolle für die Entwicklung des sogenannten Broca-Areals ist, der Hirnregion, die am stärksten an der Sprachproduktion beteiligt ist. Eine stärkere Aktivierung im Broca-Areal scheint mit besseren verbalen Fähigkeiten verbunden zu sein. Der Neurowissenschaftler John Gabrieli geht davon aus, dass es sein könne, dass das kommunikative Pingpong Verbindungen zwischen den Hirnzellen der Region fördert. Die wechselseitige Kommunikation – kommunikative Duette – wie sie Neurowissenschaftler auch nennen, ist eine wesentliche Grundlage für Spracherwerb und das Lernen überhaupt.

> „Kommunikation lernt man also nicht über Fernsehen oder Alexa. Denn bei einem echten Gespräch geht es nicht nur um den Austausch von Worten, sondern auch um Gefühle und um die Aufmerksamkeit fürs Gegenüber", so Gabrieli weiter (Gabrieli 1995).

Die Auswirkungen machen sich nicht nur in der Kindererziehung bemerkbar. Auch im Geschäftsleben verarmen wir geistig allmählich, wenn keine Zeit für echten Austausch bleibt. Wie wollen wir kreativ sein, den Herausforderungen der Zukunft begegnen und Innovationen tätigen, wenn unser Hirn verkümmert?

Hand aufs Herz, wann konnten Sie das letzte Mal mit jemandem einfach nur sprechen? Ohne eine zeitliche Limitierung? Ohne eine Zielvorgabe, ohne irgendetwas gemeinsam erreichen zu wollen? Ohne gleichzeitig ein Kommunikationsmittel in der Hand zu halten, um einen schnellen Blick auf die neuesten WhatsApp-Nachrichten zu werfen?

Und noch eine ketzerische Frage sei erlaubt: Wann ist es Ihnen gelungen, in einem Gespräch einfach nur zuzuhören und den Anderen ins Zentrum des Geschehens zu rücken? Wertfrei, ohne Ratschläge, die gar nicht gefragt waren? Ohne eine eigene Geschichte oder eigenes Erleben hinzuzufügen?

> „Denke immer daran: Wenn du etwas sagst, dann wiederholst du nur das, was du sowieso schon weißt. Aber wenn du zuhörst, dann kannst du Neues erfahren." (Dalai Lama)

Angebote schreiben, Mails checken und sich parallel mit seinem Kind unterhalten, das, so werden viele schon festgestellt haben, ist nicht möglich. Multitasking ist auch bei Frauen ein Märchen. Ein Kind fordert beim Zuhören das, was wesentlich ist: die volle Zuwendung – nicht nur verbal, sondern auch körpersprachlich. Es merkt sofort, wenn die Gedanken und das Interesse seines Gegenübers nicht bei der Sache sind. Nicht anders im Mitarbeitergespräch. Ist der Chef nicht voll dabei und checkt während des Gesprächs lieber seine Mails, macht sich sofort ein ungutes Gefühl der Ablehnung beim Mitarbeiter breit. Er wird die Szenerie frustriert verlassen, unsicher ob er die mangelnde Aufmerksamkeit ansprechen und einfordern soll oder nicht.

Wenn wir nicht aufmerksam zuhören, spiegeln uns unsre Kinder unsere im wahrsten Sinn des Wortes ver-rückte

Welt. Auch wenn sie „Digital Natives" sind, sie mit der digitalen Welt aufgewachsen sind, sind sie doch noch mehr mit dem verbunden, was wesentlich ist. Ohne die volle Aufmerksamkeit der Eltern werden Kinder so lange quengeln, bis sie die gewünschte Aufmerksamkeit bekommen.

Und womit? Mit Recht!

1.2 Die Digitalisierung und der Wandel

Düstere Prognosen der Zukunftsforscher

Wir leben in einer unbeständigen Welt. Der Wandel ist die einzige Konstante.

Gerade gab es in „Notre Dame", Paris, einen großen Brand und innerhalb kürzester Zeit wurden fast eine Milliarde Euro für den Wiederaufbau gespendet. Andernorts verhungern Menschen, weil sie weniger Aufmerksamkeit bekommen als ein Kultur-Denkmal. Der Flughafen Berlin lässt weiter auf sich warten, Manager kümmern sich nur noch um Brandschutzverordnungen, Richtlinien zu Datenschutz und Compliance. In der Automobilbranche scheinen Manipulationen bei der Abgasnorm an der Tagesordnung zu sein und ein US-amerikanischer Präsident scheint unter anderem durch Fake News in den sozialen Medien an dieses Amt gekommen zu sein.

Die Arbeitswelt 5.0 ist keine Zukunftsmusik mehr. Die Digitalisierung gefährdet Millionen von Jobs. Das „Handelsblatt" hat eine Studie der OECD, der Organisation für Wirtschaftliche Zusammenarbeit und Entwicklung, veröffentlicht, die sich mit den Folgen Künstlicher Intelligenz und Digitalisierung beschäftigt.

Danach werden die Hälfte aller Jobs durch Maschinen und Algorithmen ganz oder teilweise bedroht. Besonders gefährdet sind die Jobs von Geringqualifizierten.

Entscheidend sei, ob die Jobs aus Routineaufgaben bestünden, die automatisierbar sind oder sie aus sozialen und kreativen Aufgaben bestehen, die schwer durch Computer ersetzt werden können. (Palka 2018)

Bis 2025 soll die menschliche Arbeitskraft in den Industrieproduktionen von 71 auf 48 Prozent zugunsten von Automatisierung reduziert werden. (Kuhn und Seibert 2018)

Wer sein Auto beim Hersteller abholt, fühlt sich schon jetzt in einen Science-Fiction-Film versetzt. In Japan wird bis zum Jahr 2020 mit einer Lücke von rund 400.000 Pflegern gerechnet. Roboter sollen diese Lücke füllen (Germis 2013). Sie sind von echten Menschen kaum noch zu unterscheiden.

„Pepper" heißt der erste Pflegeroboter in Deutschland. Er kann tanzen, sprechen und Witze erzählen. Momentan wird er in einem fränkischen Seniorenheim getestet. (Bückmann 2018)

Bankensysteme drohen zusammenzubrechen. Commerzbank und Deutsche Bank wollten sich zu einer Großbank zusammenschließen. Die Pläne haben sich zwar zerschlagen, trotzdem stehen Tausende Filialen im Finanzsektor auf der Kippe. Der Konsument tätigt seine Bankgeschäfte mehr und mehr selbst. Die Beratung bezieht er aus Vergleichsportalen im Internet.

Auch das Gesundheitssystem ändert sich radikal. Während in den Wartezimmern der Arztpraxen viele ältere Menschen sitzen, die den Arzt hauptsächlich als Gesprächspartner benötigen, befragen die Jungen das Internet.

In den USA wird in zehn Jahren jeder zweite Haushalt einen Roboter im Einsatz haben. Kühlschränke, die sich selbst befüllen, Putzhilfen, die uns die tägliche Routinearbeit abnehmen, Smartphones, die automatisch Türen öffnen und schließen, auf Voice-Kommandos Musik starten und das Licht regeln. Das alles ist schon jetzt keine Zukunftsmusik mehr.

Für die Unternehmen bedeutet das einen komplizierten Spagat leisten zu müssen. Auf der einen Seite müssen Prozesse automatisiert und verschlankt werden, um überhaupt im Wettbewerb Stand halten zu können. Keine Bank, keine Post kann sich den Kostenfaktor Filiale leisten, die der Konsument aufgrund der Digitalisierung und seiner eigenen Bequemlichkeit immer weniger aufsucht. Kein Konzern kann für jeden einzelnen Geschäftsbereich ein eigenes IT-System aufrechterhalten. Die Kosten dafür wären immens.

Auf der anderen Seite sind die Unternehmen bei allem Fachkräftemangel darauf angewiesen, gute Mitarbeiter zu akquirieren und letztlich auch zu binden – dies vor dem Hintergrund, dass gerade die Generation Y dem Thema „Life" statt „Work" eine große Bedeutung beimisst. Dicht gefolgt von der Generation Z, die mittlerweile als 20-Jährige auch schon auf den Arbeitsmarkt drängt und die die traditionellen Werte wie Familie, Freizeit und Bindung auf der Wunschliste hat.

Die Gesellschaft wird sich wandeln, das zeigt auch die OECD-Studie.

Anders als bei den industriellen Revolutionen betrifft die Digitalisierung dieses Mal nicht die Mittelschicht, sondern hauptsächlich die Arbeitsplätze von Geringqualifizierten. Laut OECD sei das wirksamste Mittel, um dem Jobverlust Einhalt zu gebieten, Weiterbildung. Und zwar nicht im fachlichen Bereich. (Palka 2018)

Das muss vielmehr im Bereich der Persönlichkeit und der Kommunikation passieren.

Es zeigt, was auf der Hand liegt: Auf der einen Seite droht eine geistige Verarmung wegen der zunehmend einseitigen Kommunikation durch die digitalen Medien. Auf der anderen Seite droht ein eklatanter Wegfall von Arbeitsplätzen.

Mit anderen Worten: Wer in seine Kommunikationsfähigkeiten investiert, investiert in seine Zukunft.

1.3 Schlüsselkompetenzen der Zukunft

Stabilität gibt's nur noch in Beziehungen
Damit steigt Zuhören zu einer der wichtigsten Schlüsselkompetenzen der Zukunft auf.

Bei allen drohenden Jobverlusten steigen Angst und Orientierungslosigkeit. Manager bauen Unternehmen und Konzerne mit der einzigen Gewissheit um, dass ihre Entscheidungen von heute, schon morgen keinen Bestand mehr haben. Was heißt schon Digitalisierung? Die Vorstellungen dazu sind unterschiedlich. Heißt Digitalisierung: Prozesse, die digitalisiert laufen? IT-Sicherheit? Konsumentenfreundlichkeit durch digitale Bestellplattformen?

Wo fängt Digitalisierung an und wo hört sie auf? Und was passiert letztlich mit dem radikalen Stellenumbruch. Es gibt einige Zukunftsprognosen, die noch düsterer sind, als das von der OECD gezeichnete Bild. Danach fallen rund 80 Prozent aller Stellen weg (Joho 2018). Allerdings werden im Gegenzug mindestens 70 Prozent neue Stellen entstehen.

Im Gespräch mit zwei Führungskräften bei großen Banken berichteten mir die beiden vom stetig wachsenden Druck, der kaum noch auszuhalten sei. Damit werde in ihren Augen die Orientierungslosigkeit des gesamten Managements kaschiert. Das führe in den Unternehmen dazu, dass es den Mitarbeitern an Klarheit fehle, was wiederum Ängste und Demotivation verstärke. Eine kontraproduktive Entwicklung.

Bei allem Wandel in der Arbeitswelt steigt das Bedürfnis nach „gehört werden". Dieses Bedürfnis zieht sich durch alle Branchen und alle Hierarchiestufen. Dabei ist Zuhören nicht nur Hören, sondern zugewandtes Hören.

Wie bedeutend das Thema künftig wird, zeigt eine Tagung der in Frankfurt am Main ansässigen Stiftung Zuhören mit dem Titel „Führungsfaktor Zuhören". Mit Konzernen wie Allianz, BMW und Siemens laufen derzeit Gespräche für eine gemeinsame empirische Studie. Lässt sich das Zuhören auch mit Zahlen als Wirtschaftsfaktor nachweisen, so die Hoffnung, findet es vielleicht Eingang in das Leitbild einer Führungskraft. (Weisbach und Sonne-Neubacher 2015)

Praxisbeispiel

Bei einem Workshop mit 22 Geschäftsführern und dem Vorstand, den ich in regelmäßigen Abständen als Moderatorin leite, verbalisiere ich eine Wahrnehmung, die mich über die gesamte Veranstaltung hinweg begleitet. Bei allem operativen Austausch ist es bei einem Workshop notwendig, ab und an transparent zu machen, wie es um die Gruppendynamik bestellt ist. Kreativität entsteht normalerweise aus der Muße heraus, wenn Impulse aus den tieferen Schichten des Unterbewusstseins kommen können. Herrscht eine Atmosphäre des übermäßigen Drucks, begrenzt der Verstand die Kreativität. Insbesondere dann, wenn Zwang, Entscheidungen treffen zu *müssen*, vorherrscht. Wir leiden dann unter einem Tunnelblick, werden alternativ- und ideenlos.

Diese negative Form von Druck spüre ich bei besagter Veranstaltung zunehmend. Meine Sorge teile ich mit und werfe in meiner Rolle als Feedbackgeber ein, ich wünsche jedem Einzelnen, dass er irgendwo eine Energietankstelle habe. Dieser Druck sei auf lange Sicht eine hochgradige Gefährdung von Gesundheit – für jeden Einzelnen, aber auch für den gesamten Konzern. Meine Ansprache wirkt so intensiv, dass zunächst einmal betretenes Schweigen herrscht. Kurz darauf wendet sich der Vorstandsvorsitzende an mich und erzählt mir, ich habe den Nagel auf den Kopf getroffen.

Er habe unbewusst so viel Druck in die Runde gebracht. Er sei in einer Sandwichposition.

Irritiert schaue ich ihn an. Der Vorstandsvorsitzende in einer Sandwichposition?

Er fährt fort, dass der Aufsichtsratsvorsitzende ein großes persönliches Problem mit ihm habe. Inzwischen gehe er davon aus, dass dieser ihn sogar hasse und deswegen sämtliche Neuerungen sofort beschieße.

Ich beobachte ihn und merkte, wie viel ihm schon dieses kurze aufmerksame Zuhören hilft. Ein Manager hat wenig Gelegenheit, seine intimsten Gedanken und Emotionen wie Ängste, Unsicherheiten oder Orientierungslosigkeiten rauszulassen. Von einem Manager erwartet die Gesellschaft, dass er Stärke zeigt – in allen Belangen seines Daseins.

Obwohl so hilfreich, sinkt die Fähigkeit des Zuhörens. Trotz aller Trainingsmaßnahmen im Bereich Kommunikation – und das ist wohl das Erstaunliche daran. Zum Teil schleicht sich bei mir das Gefühl ein, dass manch einer schon „überschult" ist. Der Vertriebler oder die Führungskraft kann zwar die Fragetechniken rauf und runterbeten, aber ob er/sie wirklich zuhört, steht auf einem ganz anderen Blatt.

Das ist nicht nur der Zeitknappheit und Digitalisierung geschuldet.

80 Prozent des Tages verbringen wir mit Kommunikation, etwa 45 Prozent davon mit Zuhören. Doch eine ungesunde Melange aus Lärm, Massen an Information und Technikwahn beeinflusst unser Hörvermögen. Dadurch sinke die Fähigkeit anderen zuzuhören, sagt die amerikanische Professorin Laura Janusik, Mitorganisatorin der Jahrestagung der International Listening Association. (Rettig 2010)

Kommunikative Fähigkeiten werden im Berufsleben immer wichtiger. 96 Prozent der Erwachsenen halten sich für gute Zuhörer (Rettig 2010). Die Praxis zeigt etwas anderes.

Abb. 1.2 Workout

Wir können uns nur ein Viertel von dem merken, was wir hören. Zuhören ist ein echtes geistiges Workout (Abb. 1.2).

Aktuelle Studien von Neurowissenschaftlern der Universität Harvard zeigen, dass beim Reden die gleichen Gehirnareale aktiviert werden, wie bei den existenziellen Themen Nahrung, Geld und Sex. (Specht und Penland 2016)

Wissenschaftlich betrachtet gibt es also kaum etwas Befriedigenderes für unser Gehirn, als sich verbal über Urlaub, Hobbys und Kinder auszulassen.

Hinzu kommt: Unser Gehirn kann Wörter schneller aufnehmen, als wir sie aussprechen können. Reden wir, ist unser Gehirn stark beansprucht. Wenn wir jemandem zuhören, ist es hingegen unterfordert. Die Langeweile nutzt es, über andere Dinge nachzudenken. Wir schweifen gedanklich ab, denken an die Einkaufsliste, den abendlichen Sport oder unsre To-do-Liste für den morgigen Tag. Wir müssen uns regelrecht disziplinieren, um bei der Sache zu bleiben.

Zuhören ist eine komplexe Fähigkeit – wesentlich anspruchsvoller als Lesen. In der Schule gibt es kein entsprechendes Fach dafür. An der Universität werden eher Rhetorik oder Präsentation vermittelt. Dabei müssen beim Zuhören die gesprochenen Worte und parallel dazu die nonverbalen Botschaften aufgenommen und verarbeitet werden. Sie müssen aus der Situation heraus verstanden und in den Kontext der jeweiligen Beziehung gesetzt werden. Eine Aussage muss also begleitende Emotionen empathisch erfassen, sowie eigene Gefühle, die durch die Botschaft ausgelöst werden, kontrolliert werden. Das ist unsexy für das Gehirn.

Entsprechendes Fehlverhalten zeigt sich oft bei Meetings. Laut einer Studie der Münchner Unternehmensberatung Schell Marketing Consulting ist jede zweite Bürorunde unproduktiv. Schätzungen zufolge weiß jeder zweite Teilnehmer nicht, was er genau nach der Konferenz zu tun hat. (Rettig 2010)

Neurowissenschaftler der Uni Harvard haben belegt, dass Zuhören anstrengende harte Arbeit für das Gehirn ist. Während beim Sprechen Energie freigesetzt wird, macht Zuhören müde. Je aktiver man zuhört, desto intensiver das mentale Workout. Wer ein besserer Zuhörer werden will, muss einen Prozess durchlaufen, der vergleichbar mit einer Ernährungsumstellung oder dem Umstieg auf einen sportlichen Lebensstil ist.

Hinzu kommt, dass Zuhören momentan gesellschaftlich nicht en vogue ist. Wie ein Sechziger-Jahre-Kleid, das aus der Mode gekommen allmählich ein Revival erlebt.

„Zuhören hat ein Prestigeproblem", sagt Martin Hartung, Leiter des Instituts für Gesprächsforschung in Radolfzell. Das oberste Paradigma laute Reden. Ob bei einem Meeting, einer Polit-Show oder im Assessment-Center – einen guten Eindruck hinterlasse, wer einen möglichst hohen Redeanteil habe. Einer Führungskraft, die nicht auf ihrer

Position beharre, mangele es scheinbar an Durchsetzungskraft. (Weisbach und Sonne-Neubacher 2015)

Genau das wandelt sich gerade. Wer zuhörfähig ist, schafft Verbindung. Wer einen Menschen in seiner ganzen Individualität, in all seinen Stärken und Schwächen versteht, ohne ihn zu verurteilen, baut Vertrauen auf. Der kann Menschen aufgrund seiner ganzen Bedürfnisse und Motive abholen.

Eine Führungskraft, die im Meeting erst einmal alle Argumente anhört und erst danach eine Entscheidung trifft, hat wesentlich mehr Faktoren und Perspektiven berücksichtigt, als ohne. Ein Vertriebler, der zunächst einmal alle Motive und Beweggründe des Kunden anhört, baut mehr Vertrauen auf und kann erst dadurch eine kundengerechte Beratung und damit eine Win-Win-Situation schaffen. Eine Konfliktsituation, in der wir den Anderen wirklich versuchen zu verstehen, kann ein komplexes Problem lösen.

> Empathie und individuelle Kompetenz grenzen uns ab von aller Künstlichen Intelligenz und Robotertechnik. Wer mitfühlen und emotional verstehen kann, dem gehört in Zukunft die Welt.

1.4 Balancen

Zuhören und Beziehungsmanagement als Ausgleich zu Digitalisierung und Künstlicher Intelligenz

Letztlich kann keiner voraussagen, was wirklich in zehn bis 20 Jahren passiert. Eines jedoch ist klar: Stabilität gibt es nicht mehr in der äußeren Welt. Die Wenigsten werden in Zukunft noch ihr ganzes Berufsleben bei einem Unternehmen arbeiten. Wir können Sicherheit nur aus uns selbst und aus der Stabilität unserer Beziehungen rekrutieren.

Eines fällt in unserer Gesellschaft zunehmend auf. Wenn ich zu Beginn eines Seminars Teilnehmer über ihre Sehnsüchte und Träume berichten lasse, fällt nie das Stichwort „Karriere machen". Es geht eher um Themen wie „Auswandern", „Urlaub auf einer einsamen Insel", eine „stille Berghütte" haben, eine „glückliche Familie" oder eine „Husky Tour durch Lappland". Ab und an wünscht sich einer der jüngeren Teilnehmer mal einen „Maserati" oder einen „Oldtimer zum Basteln". Zeigt das nicht unser Bedürfnis nach Ausgleich? Wie weit weg sind wir inzwischen von innerer Stille – sprichwörtlich die einsame Insel in uns selbst – dass wir nur noch von ihr träumen können?

Um gesund zu sein und gesunde Beziehungen zu leben, brauchen wir Balance.

Als Ausgleich zur sich immer schneller drehenden Welt suchen wir die Stille der Natur. Wenn wir zu viel in der globalen Arbeitswelt unterwegs sind, brauchen wir die Geborgenheit unsres kleinen Mikrokosmos zuhause. Region, Heimat, Familie. Es gibt immer mehr Aussteiger. Einen bekannten Herzchirurgen, der seinen Job aufgegeben hat und Lastwagenfahrer wurde. Menschen, die sich Fincas auf Mallorca kaufen, um wieder mehr Zeit für das Wesentliche zu haben. Investmentbanker, die ein halbes Jahr die Alpen durchquert und sich schließlich mit einer Hütte in der Schweiz niedergelassen haben.

Fernöstliche Philosophien haben längst erkannt, was unser ganz natürliches Prinzip ist. Balance herrscht dann, wenn sich zwei gegensätzliche Pole ausgleichen und in Harmonie sind. Solche Kontraste erleben wir in der Natur fortwährend. Tag und Nacht, Ebbe und Flut, Sonne und Regen. Frühjahr und Sommer 2018 zeigten, wie ein System aus der Balance kommen kann: Es gab zu viel Sonne. Das führte in Deutschland sogar dazu, dass die Rheinschifffahrt aufgrund des niedrigen Wasserstandes teilweise eingestellt werden musste und das Benzin sich dramatisch verteuerte.

Auf Mallorca dagegen herrschten sintflutartige Regenfälle, die sogar bedrohlich für die Urlauber waren. Das System war aus der Balance geraten.

Nicht anders in Unternehmen. Liegt der Fokus ausschließlich auf dem Tagesgeschäft, ist das Unternehmen wegen mangelnder Innovationen und Produktneuheiten irgendwann nicht mehr auf dem Markt. Der Trend zum Online-Handel ging damals völlig an dem Versandhandel vorbei. Insolvenzen waren nicht mehr zu vermeiden. Liegt der Fokus zu stark auf Innovationen, gerät das Tagesgeschäft ins Stocken und die Kunden springen letztlich ab. Beides muss sich die Waage halten.

Balance spielt auch im Bereich Unternehmenskultur eine entscheidende Rolle. Ich spreche in diesem Zusammenhang gerne von weiblicher und männlicher Energie. Basiert die Kultur hauptsächlich auf Strategien und Zahlen, bleibt nur wenig Raum für Gespräche, gegenseitigen Austausch und Spaß am Miteinander. Dann kippt die Stimmung: Konflikte nehmen zu, Krankenquote und Fluktuation steigen. Die restlichen Mitarbeiter ziehen sich in ihre Komfortzonen zurück, fühlen sich nicht gehört und leisten Dienst nach Vorschrift. Ihnen allen fehlen die Sinnhaftigkeit und Wertschätzung. Bewegt sich eine Kultur zu viel in der Spaß-Zone, geht wiederum nichts voran. Small Talk und Gruppenharmonie sind wichtiger als Leistung. Umstrukturierungen werden blockiert, sie sind viel zu unbequem. Beide Extreme führen ins Chaos.

Als sogenannte weibliche Energie bezeichne ich vor allem Empathie, Fühlen und ein konstruktives Miteinander. Mit männlicher Energie sind Effizienz, Strategien und Zahlen gemeint. Beides ist wichtig und muss in Balance sein, um Zukunftsfähigkeit und eine positive Unternehmenskultur zu gewährleisten.

Nicht anders bei Gesprächen. Versetzen Sie sich einmal gedanklich in eine private Situation. Sie befinden sich auf einer größeren Feier. Es sind Kunden und Partner geladen, Sie haben auch repräsentative Pflichten. Alles in allem herrscht eine angenehme Atmosphäre, Sie stehen auf einer Dachterrasse mit einem Drink in der Hand und wollen unbedingt noch mit einem Ihrer Kunden sprechen, da hängt sich ein Unbekannter an Ihre Fersen. Er zieht Sie ins Gespräch und hält einen Monolog. Über welches Thema, können Sie bald schon nicht mehr sagen. Es beginnt mit irgendwelchen Hotels in irgendwelchen Urlaubsregionen. Aber Sie schalten schnell ab. Anfangs sind Sie noch höflich, später hoffen Sie, Ihr Desinteresse durch Wegschauen zu signalisieren. Nach einiger Zeit nehmen Sie nur noch Ihren eigenen Fluchtreflex wahr und überlegen, wie Sie zur nächsten Toilette gelangen – ein Gespräch außer Balance. Wir ergreifen die Flucht, wenn reden und zuhören nicht in Einklang stehen und wir vom Monolog überrollt werden.

Damit wären wir wieder beim geistigen Workout. Extrem redefreudige Menschen sorgen mit ihrem Mitteilungsbedürfnis für einen innerlichen Energiepusch. Anders beim Zuhörer: Bei ihm zeigen sich extreme Ermüdungserscheinungen. Der Redner verpasst beim „Small Talken" viele neue Impulse, die er erhalten hätte, wenn er auch mal zugehört hätte. Die Beziehung ist vorbei, bevor sie überhaupt aufgenommen wird.

Übrigens spielt hier auch der Mann-Frau Unterschied eine entscheidende Rolle – kein Scherz (Abb. 1.3).

Wissenschaftler der Universität Sheffield berichten im Fachjournal „NeuroImage", dass Männerhirne beim Zuhören schneller ermüden – insbesondere, wenn sie einer Frau zuhören (Süddeutsche Zeitung 2010). Laut britischen Studien hören Männer zu. Allerdings ist die weibliche Stimme so komplex und reich an Klängen, dass die Anstrengung, die Informationen zu verarbeiten, die Männer schneller abschalten lässt. Nachweislich wird, wenn Männer Frauenstimmen hören, die Hirnregion aktiv, die auch Musik verarbeitet.

Abb. 1.3 Müde Männerhirne

Das fordert eine stärkere Hirnaktivität. Bei Männerstimmen dagegen reagiert ein anderer Bereich.

Das würde auch erklären, warum (weibliche) Assistenzen im Unternehmen mehr hören als ihre (männlichen) Chefs.

Reden können viele. Zuhören nur ganz wenige.

2

Zuhören in den Chefetagen

Zusammenfassung Nach wie vor herrschen in unserer Arbeitswelt eklatante Führungsdefizite. Künftig müssen sich Chefs wandeln und ihre Sozialkompetenz ausbauen – vom Strategen und Zahlenjongleur zum Beziehungsmanager. Das ist wichtig, um für Fachkräfte und die Generation Y einen attraktiven Arbeitsplatz und Raum für Innovationen und Kreativität zu bieten. Wer als Chef zuhören kann, schafft Vertrauen und Verbindung und erfährt viel Neues. Künftig wird nicht mehr der erfolgreich sein, der gut redet, sondern der, der gut zuhört.

2.1 Die veränderte Rolle der Führung

Manager und Chefs im Dilemma zwischen Zukunftsorientierung und Komfortzonen

Höchste Zeit zum Umdenken.

Als der Marktforschungsinstitut Allensbach im Jahr 2008 rund 1800 Deutsche danach befragten, was für sie zu

© Springer Fachmedien Wiesbaden GmbH, ein Teil von
Springer Nature 2019
A. Ames, *Schlüsselkompetenz Zuhören*, Fit for Future,
https://doi.org/10.1007/978-3-658-27188-6_2

einem guten Gespräch gehöre, antworteten 80 Prozent „Zuhören". Im selben Jahr fand die Akademie für Führungskräfte der Wirtschaft heraus: Nur 16,5 Prozent halten ihren Chef für einen guten Zuhörer. (Rettig 2010)

Ein Manager oder eine hohe Führungskraft ist nicht mehr alleiniger Herrscher. Wissen ist jederzeit über das Netz verfügbar. Damit hat sich auch Führen verändert. Inzwischen hat ein IT-Mitarbeiter in seinem Fachbereich wesentlich mehr Know-how als der Manager. Statt alleiniger Entscheidungsgewalt ist inzwischen Teamfähigkeit und Sozialkompetenz in der Führung gefragt. Das ist für viele Manager nur schwer zu verkraften. Menschen mit extremem Machthunger dulden kaum andere Götter neben sich. Dabei wird in Zukunft derjenige erfolgreich sein, der es beherrscht, die besten Potenziale zu erkennen und sie gemeinsam an einen Tisch zu setzen. Entscheidend ist eine veränderte Haltung. Es geht also nicht darum, für die eigene Tasche zu wirtschaften sondern darum, seine Mitarbeiter glücklich und erfolgreich zu machen.

Hierarchien werden immer stärker weichen. Wenn ein Unternehmen an Machtstrukturen, Titeln und Verwaltungsapparaten hängen bleibt, ist es bald vom Markt verschwunden.

Das bestätigt auch die Arbeitsmarktstudie von Robert Half (Holl 2015). Danach sind mehr als die Hälfte der befragten HR-Manager überzeugt, dass eine offene und transparente Kommunikation das Hauptkriterium einer erfolgreichen Führungskultur ist. Indem sie aktiv zuhören, lösen sie Probleme nicht nur besser und schneller, die Loyalität des Teams ist ihnen auch sicher.

Ist es nicht erstaunlich, dass es in Unternehmen immer noch eklatante Führungsdefizite gibt? Obwohl es ein Flut an hervorragenden Führungstrainings gibt? Die Gallup-Studie führt uns immer wieder vor Augen, wie es um die Zufriedenheit von Mitarbeitern in Unternehmen bestellt ist.

Laut aktueller Studie von 2018 sind gerade mal 15 % der Arbeitnehmer zufrieden, 71 % machen Dienst nach Vorschrift und ganze 14 % sind so unzufrieden, dass sie innerlich gekündigt haben. Sie haben keinerlei Bindung ans Unternehmen.

Die Zahlen haben sich in den letzten zehn Jahren nur unwesentlich verändert. Als Grund werden immer wieder Führungsfehler und mangelnde Feedback-Kultur genannt. Chefs werfen Mitarbeitern oft Komfortzonen-Verhalten vor. Aber sind nicht vielmehr viele Chefs selbst in Komfortzonen? Indem sie so führen, wie sie es vor Jahren oder Jahrzehnten von ihrem eigenen Chef gelernt haben, und sich keinen Meter vom Fleck bewegen?

Dabei braucht es die Veränderung nur im Kleinen. Wer bei sich selbst etwas ändert, sei es in der Haltung, im Tun oder im Innehalten, der verändert auch sein Umfeld. Von innen nach außen. Das bestätigen auch Bodo Janssen und Pater Anselm Grün in ihrem Buch „Stark in stürmischen Zeiten", in dem sie sich mit der Kunst sich selbst und andere zu führen beschäftigen.

Nichts ändert sich, bis du dich selbst änderst, und dann ändert sich alles. (Grün und Janssen 2017)

Praxisbeispiel

In einem Konzern bekomme ich für eine hohe Führungsebene den Auftrag, gemeinsam an der Verbindlichkeit zu arbeiten. Mit der hapere es laut Vorstand gewaltig. Ich frage nach und erhalte als Antwort: „Naja verbindlicher eben." Was er denn konkret damit meine, frage ich ihn. Am besten solle er mir ein Beispiel nennen, worin genau dieser Bedarf bestehe.

Da haben wir schon einen Kern getroffen. Der Vorstand ist nicht in der Lage, mir ein bildhaftes Beispiel zu geben. Erst auf Nachfrage bei der Assistentin stellt sich heraus, dass es um die Mitarbeiterbefragung geht. In einigen Geschäftsbereichen wird noch nicht einmal ein Jahresgespräch mit den Mitarbeitern geführt. Nach Auswertung dieser Befragung hat das höchste Führungsgremium einen Maßnahmenkatalog beschlossen. Der gemeinsame Beschluss wird allerdings nur teilweise oder auch gar nicht eingehalten. Hintergrund ist die unterschiedliche Priorisierung. Die Bedeutung dieser Maßnahme wird von den Verantwortlichen sehr verschieden bewertet. Demnach setzen manche schnell um, andere lassen es zugunsten anderer Projekte schleifen.

Als es in einem Bereich einen Führungswechsel gibt und der neue Geschäftsführer Mitarbeitergespräche führen will, schlagen ihm erst einmal Wellen an Misstrauen entgegen. Die Mitarbeiter der Niederlassungen fühlen sich kontrolliert. Sie sind diese Art der Besuche nicht gewohnt. Der vorherige Geschäftsführer hat sich über Jahre hinweg kein einziges Mal in den Niederlassungen blicken lassen. Geschweige denn Gespräche geführt. Exakt diese mangelnde Verbindlichkeit an Umsetzung moniert der Vorstand.

Tipp 1 – Sich selbst beobachten

Nun ist besagter Vorstand weder intellektuell eingeschränkt, noch hat er rhetorische Probleme. Trotzdem kann er nicht konkretisieren, was er mit Verbindlichkeit meint. Das liegt an der Persönlichkeitsstruktur. Ein Macher ist von der Typologie her, wie der Name schon sagt, ein Mensch der macht, statt lange drum herum zu reden. Er ist ein Individualist. Es fällt ihm schwer zuzuhören und abzugeben, ohne selbst aktiv zu werden.

Kein Mensch ist perfekt, kein Mensch kann auf jedem Gebiet stark sein. Wer an der Spitze eines Unternehmens oder einer Abteilung steht, darf nicht dem Trugschluss verfallen, er müsse in jeder Situation der Stärkste und Beste sein. Beobachten Sie sich selbst, ohne sich zu verurteilen. In welcher Situation fällt es Ihnen schwer, das Ruder aus der Hand zu geben, obwohl es besser wäre, an jemand anderen zu verweisen. Dabei geht es nicht nur darum, an andere Macher abzugeben, sondern auch den leisen Mitarbeitern zu vertrauen, die sich vom Typ her nicht unbedingt in den Vordergrund drängen. Sie teilen sich nur mit, wenn sie gefragt werden und ihnen zugehört wird. Stille Wasser sind bekanntlich tief.

Tipp 2 – Abgeben

Abgeben an jemanden, der das entsprechende Potenzial hat. Das setzt jede Menge zuhören und sich selbst nicht so wichtig nehmen voraus.

Ich gebe Ihnen ein Bild. Im Profimusikbereich gilt ein ganz simples Sprichwort: Ein Orchester ist immer so gut wie sein schlechtestes Mitglied. Willst du bessere Ergebnisse, investiere in die einzelnen Instrumentalisten. Ein Dirigent muss nicht Cello, Posaune oder Oboe spielen können. Er muss die Komplexität eines Werkes erfassen und in der Lage sein, die Musiker zu motivieren. Ein guter Dirigent hört sich erst einmal an, was ihm der Musiker anbietet. Es könnte eine bessere Version sein, als die eigene Interpretation. Er führt das Orchester nur, gibt Impulse. Aber die Musik ist ein Gesamtergebnis, das umso besser wird, je mehr die Freude am Miteinander und an der Musik von jedem empfunden wird. Dann springt der Funke auch ans Publikum über. Es geht beseelt aus dem Konzert.

Das funktioniert nicht bei einem Dirigenten, der einzig und allein seiner Profilierungssucht nachkommt.

2.2   Wertschätzung ist kein Modewort

Wertschätzung muss gelebt werden

Wie oft hängen in repräsentativen Eingangshallen vieler Unternehmen die schön visualisierten Unternehmensphilosophien. Zugleich spürt man – das hier ist reine Fassade.

Praxisbeispiel

Ein Konzern baut innerhalb weniger Monate ein neues Bürogebäude. Unter anderem wird dort die Akademie untergebracht. Die Akademie-Verantwortlichen werden im Vorfeld allerdings kein einziges Mal befragt, was der spezielle Bedarf in diesem Bereich ist. Das Gebäude ist zwar absolut repräsentativ, aber völlig ungeeignet für den Trainingsbereich. Die Räume sind teilweise zu klein und extrem schlecht belüftet. Es herrscht zwar guter Schallschutz – das aber zu Lasten der Teilnehmer. Die schauen nämlich ca. acht Stunden pro Seminartag auf eine so klein gestreifte Wand, dass diese innerhalb weniger Minuten Schwindel auslöst.

Tische und Stühle sind alles andere als agil, das heißt schwer, auf Teppichboden nur schlecht zu verrücken und dadurch unflexibel. Wahrscheinlich hatte der Zeit- und Kostenfaktor beim Bau einen wesentlich höheren Stellenwert als das Befinden der Mitarbeiter. Obwohl es doch in der Unternehmensphilosophie verankert ist. Wo bleibt da das Thema Wertschätzung?

Das „Nicht hören" wirkt sich leider auf die Seminare aus. Mit schlechter Luft und Schwindel lassen sich keine hervorragenden Ergebnisse erzielen. Im Sommer müssen Seminare teilweise früher abgebrochen werden, weil die Teilnehmer auch bei bestem Willen nicht mehr konzentrationsfähig sind.

Manager, die nicht richtig zuhören, treffen womöglich falsche Entscheidungen. Mitarbeiter, die Anweisungen falsch verstehen, begehen kostspielige Fehler. Kollegen reden aneinander vorbei und gehen sich auf die Nerven. Kunden fühlen sich nicht ernst genommen und verabschieden sich. All das resultiert in Fehlurteilen, Unzufriedenheit und Demotivation. (Rettig 2010)

Praxisbeispiel

Bleiben wir bei dem, was jeder von Ihnen für sich selbst bewegen kann. Ich denke an ein Arztgespräch zurück, bei dem mir mitgeteilt wird, dass meine Mutter sterben wird. Es handelt sich um einen jungen ausländischen Arzt mit Sprachdefizit, weil er erst seit kurzem in Deutschland praktiziert. Als er uns die Aussichtslosigkeit weiterer Therapien mitteilt, unterbricht er zweimal das Gespräch, um ans Telefon zu gehen. Das hört sich in etwa so an: „Ihre Mutter wird sterben, wenn sie operiert wird ..." Ring ring. Telefon. Er geht ran. „Ihre Mutter wird aber auch sterben, wenn sie nicht operiert wird." Ring ring. Telefon. Er geht wieder ran.

Sind Sie entsetzt? Gut, dann fühlen Sie noch. Sie sagen aber, naja, das ist Krankenhaus. Weht dort tatsächlich ein anderer Wind als in der Wirtschaft?

In der Wirtschaft geht es nicht um Leben und Tod. Aber wenn ein Mitarbeiter ein Gespräch sucht, stoßen wir dann nicht immer wieder auf eine ähnliche Situation?

Praxisbeispiel

Ein typisches Bild: Der Chef lädt zum Gespräch. Es geht um einen aktuellen Projektstatus oder die Umsetzung eines wichtigen Auftrags. Er sitzt in seinem Büro, verbarrikadiert hinter seinem großen (mächtigen) Schreibtisch. (Ist dieser nicht schon Indiz dafür, dass der Chef sich vor irgendetwas verstecken muss? Vielleicht fühlt er sich innerlich gar nicht so stark, wie er nach außen tut, und braucht diese Barrikade, um sich weniger angreifbar zu machen?)

Sein Blick hängt an seinem Bildschirm. Parallel dazu hat er sein Handy in der Hand und telefoniert (Abb. 2.1). Es scheint ein wichtiges Gespräch zu sein, so wie vermutlich alle seine Telefonate wichtig sind. Dem Mitarbeiter deutet er an, Platz zu nehmen. Der weiß nicht, wo er hinschauen soll. Es ist ihm unangenehm, Zeuge des Gesprächs zu werden. Aber nun ist er einmal da. Der Chef legt auf. Endlich.

Er fragt: „Worum geht's?"

Der Mitarbeiter etwas irritiert: „Äh, Sie wollten die neusten Entwicklung zum Projekt XY hören."

Abb. 2.1 Chef Multitasking

Da klingelt das Handy. Der Chef geht ran. Nachdem er das Gespräch beendet hat, fragt er: „Wo waren wir stehen geblieben?"

Mitarbeiter antwortet: „Wir hatten noch gar nicht angefangen."

„Ach so."

„Es geht um das Projekt XY" und gibt seinen Statusbericht ab. Während des Berichtens fällt der Blick des Chefs immer wieder auf neue Mails, die aufpoppen.

Der Mitarbeiter wird immer gereizter. Es nervt ihn. Er braucht wichtige Entscheidungen, um weiterarbeiten zu können und dieses Warten kostet ihn wertvolle Zeit. Außerdem fühlt er sich respektlos behandelt.

Merken Sie etwas? Dieses Beispiel ist nur eines von vielen in der Realität. So weit entfernt von dem Arztbeispiel ist das gar nicht. Wobei wir analysieren müssen, warum sich diese beiden Gesprächsführer – der Arzt und der Chef, der dieses Gespräch mit dem Mitarbeiter immerhin einberufen hatte – derart verhalten. Zuhören und genaues Beobachten ohne zu werten ist auch in diesen beiden Fällen notwendig, um Verbindung zu schaffen.

Der Arzt ist aufgrund seines jungen Alters und der mangelnden Deutschkenntnisse nichts anderes als unsicher. Wer einem Angehörigen mitteilt, dass der Patient sterben wird, befindet sich in einer der schwierigsten Gesprächssituationen, die es gibt. Das erfordert ein Höchstmaß an Empathie. Selbst ein erfahrenerer deutscher Kollege kann in einer solchen Situation überfordert sein. Möglicherweise befürchtet er, dass der Angehörige emotional überreagieren kann. Die Situation ist nicht kontrollierbar und dementsprechend unangenehm. Angehende Ärzte werden nach wie vor eher über ihren Notenspiegel zum Studium zugelassen und weniger über die emotionale Intelligenz. Wir brauchen uns also nicht zu wundern, warum sie beim Thema Patientengespräch hölzern wirken oder sich an einen Fachjargon klammern.

Bei Chefs in der Wirtschaft sieht es nicht anders aus. Bisher galt in den Augen unserer Businesswelt die Gesetzmäßigkeit: Wer führt, muss Autorität ausstrahlen. Wer zu weich ist, kann sich nicht durchsetzen. Wer sich nicht durchsetzen kann, dem tanzen die Mitarbeiter auf der Nase herum und machen, was sie wollen.

Zwischen Autorität und Machthunger, zwischen Entscheidungsfreudigkeit und Kontrollsucht, zwischen Präsenz und Profilneurose herrscht ein schmaler Grat. Wer als Chef bei der Jahresversammlung von seinen Prestigeprojekten berichtet (die andere für ihn realisiert haben), was „sein" Unternehmen an Umsatzsteigerungen erreicht hat (wovon keiner der Mitarbeiter aufgrund eines auferlegten Sparzwangs profitiert), wenn er von seinen Auszeichnungen spricht, die angeblich er an Land gezogen hat, der wird auf seinem hohen Podest irgendwann zusammen brechen, weil ihm alle guten Leute davonlaufen. Zumindest die, die realisieren, dass sie auf dem fruchtbaren Boden der Wertschätzung wesentlich besser gedeihen.

Wäre es nicht viel klüger, eine Jahresversammlung zum Zuhören, zum gegenseitigen Austausch und als Ideenwerkstatt zu nutzen? Um gemeinsam Probleme zu erörtern, abteilungsübergreifendes Verständnis zu fördern und neue Impulse zu sammeln? Das ist mit einer profilsüchtigen Persönlichkeit nicht möglich. Der Chef ist wie ein Marionettenspieler.

Bei einem guten Puppenspieler sind die Augen des Publikums auf die Marionette gerichtet, nicht auf dem, der die Fäden in der Hand hält. Er schafft es durch sein ganzes Tun und Handeln, die Puppen zum Leben zu erwecken. Es ist der Geist der Wertschätzung und Liebe für jeden einzelnen Mitarbeiter, der sich auf das Gesamte auswirkt.

> Wertschätzung produziert Wertschöpfung. (Gründling 2015)

Tipp 1 – Voller Fokus auf das Gegenüber

Unterschätzen Sie nie die Macht der Körpersprache. Zuhören fängt genau hier an. Ein echter Austausch braucht Zuwendung. Das gelingt in einer Sitzposition über Eck besser als frontal gegenüber. Körpersprachlich wirkt Letzteres wie Konfrontation – das Gegenteil von Wertschätzung. Zumal der Tisch dazwischen eine Blockade erzeugt. Begrüßen Sie Ihren Mitarbeiter, bieten Sie ihm an einem Besprechungstisch einen Platz an und nehmen Sie sich Zeit für ihn. Legen Sie alle Medien beiseite und zeigen Sie ihm allein durch diese Gesten, dass der Fokus nun voll auf ihm liegt. Interessanterweise spart genau das Zeit. Sie werden durch den Gebrauch des Handys nicht permanent aus dem Kontext gerissen und müssen immer wieder von vorne anfangen.

Wenn Sie der Mitarbeiter sind, fordern Sie die volle Aufmerksamkeit ein! Chefs ist oft nicht bewusst, wie viel Ablehnung sie produzieren, wenn sie ihren Fokus eher auf die digitalen Medien richten als auf Sie. Ein freundliches Feedback ohne

Verurteilen fördert den respektvollen Umgang miteinander. Warten Sie stattdessen darauf, dass Ihr Chef sein Verhalten von alleine ändert, warten Sie unter Umständen bis zum Sankt-Nimmerleins-Tag und ärgern sich nur.

Tipp 2 – Die Haltung macht's

Profilsucht hat noch keinen weitergebracht. Nur weil auf dem Namensschild des Chefs ein höherer Rang steht, bedeutet das nicht, dass er mehr wert ist. Wer aufgrund seines Titels nach einem Posten strebt, dem rennen schon bald die Leute weg. Wer „Workaholic-like" auf der Suche nach Anerkennung zwanghaft Karriere betreibt, dem geht irgendwann nicht nur die eigene Gesundheit flöten, sondern auch die seiner Mitarbeiter und nicht zuletzt auch die des gesunden Wachstums seiner Firma.

Menschen spiegeln uns. Mitarbeiter zeigen auf, wo die Schwächen des Chefs liegen. Eine Kollegin von mir erkennt die Akzeptanz des Chefs an der Art der Geschenke. Erhält ein Chef zu Geburtstagen oder Jubiläen persönliche Geschenke wie selbst gebackenen Kuchen oder ein selbst verfasstes Gedicht, stimmt die gegenseitige Wertschätzung.

Erhält er nichts oder eine Flasche Wein, sollte er mal in den Spiegel schauen und sich und sein Verhalten ernsthaft hinterfragen.

Verbindung schafft, wer sich selbst und seine Reaktionen beobachtet und versucht, den Anderen zu verstehen ohne ihn zu verurteilen – eine Meisterschaft, die lebenslange Übung erfordert.

2.3 Vom Lohnarbeiter zum Mit- und Querdenker

Auch Mitarbeiter sind inzwischen anders

Emotionale Intelligenz in der Führung spielt künftig eine zentrale Rolle. Das zeigt auch das Beispiel eines kleinen Handwerkbetriebs.

Praxisbeispiel

Dort kündigen fünf von zwanzig Mitarbeitern innerhalb weniger Monate. Der Chef ist der Typ gutmütiger Macher und begnadeter Handwerker. Seinen Betrieb hat er in zwanzig Jahren zu einer für diesen Bereich stattlichen Größe entwickelt. Die Auftragslage ist gut. Seine Kunden wissen, auch wenn fünf andere Betriebe für den Notfall aus Kapazitätsgründen abgesagt haben, dieser Chef wird es möglich machen und wenn er selbst nach Feierabend Hand anlegen muss. Seine Frau unterstützt ihn.

Nach den fünf Kündigungen wird es eng. Gute Fachkräfte zu generieren ist schwer. Trotzdem müssen die Aufträge abgearbeitet werden. Die Angst nimmt zu, der Lage nicht mehr Herr zu werden. Das Chef-Ehepaar lässt sich auf ein Coaching und eine Teammaßnahme ein. Nach vielen Gesprächen mit den Mitarbeitern zeigt sich: Das Problem liegt wie so oft im mangelnden Zuhören. In den vergangenen sieben Jahren gibt es in dem Betrieb lediglich eine Betriebsversammlung. Aufträge erteilt der Chef handschriftlich auf Post-its. Die Einsatzplanung bringt er immer wieder durcheinander, weil er wieder Aufträge annimmt, ohne sie mit der Einsatzplanung abzusprechen. Er schiebt sie zwischenrein.

Das Chef-Ehepaar hat von Führung keine Ahnung. Gesellige Runden sind schon vor Jahren eingeschlafen, Mitarbeitergespräche finden entweder gar nicht oder zwischen Tür und Angel statt. Auf Nachfrage antwortet die Chefin, das habe es doch vor zwanzig Jahren in ihrem Lernbetrieb auch nicht gegeben. Der Chef ist unsicher, weil er keine Ahnung hat, wie man ein Mitarbeitergespräch führt. Er ist eben der Pragmatische, der lieber macht als spricht.

Ein moderierter Teamtag, an dem Mitarbeiter wie Chefs ihre Positionen offenbaren können, zeigt, wie hilfreich das Zuhören ist. Die Mitarbeiter stehen nach wie vor hinter ihrem Betrieb. Sie wollen bleiben, wünschen sich aber kleine Veränderungen in Sachen Kommunikation und Struktur. Es tut ihnen gut, endlich ein Ohr zu bekommen. Am Ende tröstet die Belegschaft die Chefs, weil sie spürt, wie viel Kraft die beiden das kostet, was sich hier offenbart. Ein großes Entwicklungspotenzial in Sachen Persönlichkeitsreife.

Momentan leckt sich das Chef-Ehepaar die Wunden. Es ist nicht leicht für die beiden, sich allen angestauten Frust

> anzuhören, aber bitter notwendig. Nun haben sie eine reelle Chance auf Verbesserung. Sie stehen vor der Entscheidung ihren Betrieb zu verkleinern, oder sich im Bereich Führung weiterzubilden.

Eines ist noch entscheidend: Zuhören ist definitiv nicht jedermanns Sache. Der amerikanische Autor Anthony Alessandra hat vier Typen von Zuhörern definiert:

- Da gibt es den **Weghörer**. Ihm fällt es grundsätzlich schwer, sich anderen Menschen zuzuwenden. Er ist eher ein introvertierter Typ.
- Dann gibt es den **selektiven Typen**. Dieser folgt Argumenten und Themen eher oberflächlich. Geht es um Details schaltet er ab. Seine Gedanken sind längst woanders.
- Außerdem hat Alessandra den **bewertenden Zuhörer** ausgemacht, der Gesagtes sofort bewertet und wenig Verständnis für Ideen und Meinungen hat, die den eigenen widersprechen.
- Als Viertes gibt es noch den **aktiven Zuhörer.** Er schenkt dem Gegenüber seine volle Aufmerksamkeit, stellt den inneren Dialog ab und achtet auf Tonlagen, Körpersprache und Wortwahl. (Specht und Penland 2016)

Die meisten Menschen gehören nicht vollends der einen oder anderen Gruppe an, jedoch gibt es der Persönlichkeitsstruktur und der Kindheitsprägung entsprechend Grundtendenzen.

Wenn wir nicht naturbegabt sind, was das Zuhören angeht, müssen wir uns dieses Defizit bewusst machen. Nur dann können wir unser Verhalten verändern. Das ist notwendig – auch vor dem Hintergrund veränderter Ansprüche von Mitarbeitern.

Die Digitalisierung – also die Industrierevolution 4.0 – hat auch in der Gesellschaft einen Wandel bewirkt. Das war bei den ersten beiden Industrierevolutionen seit Erfindung von Dampfmaschine und Fließband nicht anders.

Damals führte die Industrialisierung zur Ausbildung einer modernen Klassengesellschaft … Der Klassenkonflikt zwischen Bürgertum und Arbeiterschaft rückte immer stärker ins Zentrum gesellschaftlichen und politischen Lebens. In der Arbeiterschaft bildete sich ein wachsendes Klassenbewusstsein aus. Sie organisierte sich in Gewerkschaften, eigenen Konsum- und Bildungsvereinen sowie in der sozialdemokratischen Partei. (Kruse 2012)

Heute findet ein globaler, extrem rasanter Austausch über soziale Medien in der Gesellschaft statt. Die Menschen machen sich ein Bild von anderen Betrieben und Unternehmen und vergleichen mit dem eigenen. Zudem hat die Generation Y, dicht gefolgt von der Generation Z, die als 20-Jährige ebenfalls bereits auf den Arbeitsmarkt drängen, eine andere Vorstellung vom Arbeiten als die Generationen vor ihr, zum Beispiel die leistungsorientierten Babyboomer. Heute wollen die jungen Leute nicht nur arbeiten, sie wollen leben. Das drückt sich unter anderem in Bewerbungsgesprächen aus. Sie informieren sich bereits bei dieser Gelegenheit über Elternzeit, Freizeitausgleich, Homeoffice- oder Sabbatical-Möglichkeiten. Sobald sie einen Job haben, stellt Selbstverwirklichung für sie einen hohen Wert dar. Haben sie das Gefühl, ihr Potenzial wird nicht erkannt oder gefördert, suchen sie sich einen anderen Job – die junge Generation ist flexibel.

> „Die wichtige Kompetenz des Zu- und Hinhörens … ist eng mit einer Haltung der Geduld, des Respekts und der Offenheit verbunden." (Steinmeier 2019)

Nachfolgend ein positives Beispiel.

Praxisbeispiel

In einem anderen Handwerksbetrieb mit ca. 200 Mitarbeitern steht die Führung vor der Aufgabe, von Stempelkarten auf elektronische Zeiterfassung umzustellen. Der Betrieb ist ein Familienbetrieb. Mittlerweile sind zwei von drei Söhnen mit eigenen Aufgabenbereichen voll in die Geschäftsführung eingebunden. Beide haben studiert und sind in verschiedenen anderen Betrieben teilweise auch im Ausland tätig gewesen. Sie lernten demnach verschiedenste Prozesse und Unternehmensstrukturen kennen und setzen nun die wertvollsten Ideen im eigenen Unternehmen um. Der Vater lässt den beiden Söhnen weitestgehend freie Hand, zumindest was den eigenen Bereich angeht.

Der Sohn, der das Projekt Zeiterfassung leitet, sucht sich repräsentativ und in Absprache etwa zehn Personen aus, die das elektronische System über einen Zeitraum von drei Wochen für den Betrieb testen und bewerten sollen. Dabei wird einer der Lkw-Fahrer, der zum firmeneigenen Fuhrunternehmen gehört, zum wichtigsten Botschafter der Neuerung. Beim Abschlussgespräch nach der Testphase berichtete er dermaßen begeistert davon, wie transparent das System sei. Er habe zu jedem Zeitpunkt selbst Überblick, wie es mit Urlauben, Überstunden und Co aussehe. Seine Begeisterung teilt er mit Kollegen. Die Umsetzung ist danach keine große Sache mehr und geht reibungslos über die Bühne.

Tipp 1 – Zuhör-Gelegenheiten schaffen

Jedes Glied in der Kette ist wichtig. Hierarchien sind in Deutschland bereits an der Belegung von Firmengebäuden erkennbar. Mitarbeiter sprechen von „denen da oben". Zugleich fühlen sie sich als „die da unten". Viele Mitarbeiter sehen ihre Chefs kaum. Diese haben sich in ihre Etage zurückgezogen und besprechen die neuesten Strategien in ihren hierarchischen Ebenen. In Nordeuropa bleiben Chefs nicht nur für sich. Sie setzen sich mit Lager- oder Produktionsmitarbeitern in deren Aufenthaltsräumen zusammen und verbringen die Mittagspause mit ihnen. Chefs erfahren in dieser ungezwungenen Atmosphäre eine ganze Menge.

Diese Informationen könnten wertvolle Impulse sein, die Entscheidungen voranbringen. Zunächst werden die Mitarbeiter vielleicht irritiert sein, wenn Sie als Chef auf einmal zur Pause auftauchen, ohne einen konkreten Arbeitsauftrag zu haben. Aber wenn Sie diese Vorgehensweise zur Routine machen, fördern Sie damit das Vertrauen und die gegenseitige Akzeptanz.

Tipp 2 – Transparenz

Mitarbeiter gehen einen Weg mit, wenn sie die Sinnhaftigkeit dahinter sehen. Wofür werden Kosten gespart und Prozesse verschlankt? Wenn sich Mitarbeiter weigern, hat das meist mit Ängsten zu tun: zum Beispiel Neuerungen nicht zu schaffen, ihre Kompetenz oder sogar ihre Stelle zu verlieren. Nicht jede Entscheidung des Chefs ist nachvollziehbar. Selbst ein Chef weiß heutzutage nicht immer, ob seine Entscheidungen richtig sind. Wenn er sich für einen Weg entscheidet, verabschiedet er sich gleichzeitig von einem anderen. Viele Chefs meinen, wenn sie in diesen Situationen mit besonderer Stärke und Autorität führen, könnten sie Negativ-Stimmen vermeiden – das Gegenteil ist der Fall. Es verhält sich wie bei einem Schwelbrand. Ein Funke genügt, und das Ganze fliegt bei nächster Gelegenheit in die Luft. Die Mitarbeiter warten förmlich darauf, dass die Maßnahme scheitert. Machen Sie transparent, warum Sie entscheiden, wie Sie entscheiden, was Sie sich davon versprechen und vor allem wie es Ihnen damit geht. Manchmal ist es besser zuzugeben, dass der Prozess für Sie ebenfalls schmerzhaft ist und Sie sich unsicher fühlen. Gefühle machen nahbar. Sie sitzen alle in einem Boot.

2.4   Die Bedeutung des Small Talks

Wer künftig erfolgreich sein will, braucht gute Netzwerke. Netzwerke bringen aber nur dem was, der echte Verbindungen zu Menschen aufgebaut hat und von seinem Netzwerk geschätzt und gerne weiterempfohlen wird. Das funktioniert in der Regel nur mit persönlichem Kontakt.

Außerdem kommt es auf ein ausgeglichenes Geben und Nehmen an. Wer sich beim Netzwerken als Nehmer präsentiert, ist schnell raus aus dem Rennen. Auf Plattformen und in sozialen Netzwerken geistern viele herum, die Netzwerken schlicht aus dem einem Grund betreiben: nämlich um das eigene Ansehen oder den eigenen Geldbeutel zu füllen.

Um erfolgreich zu netzwerken, kommen Sie um das Thema Small Talk nicht herum. Das Thema hat in Deutschland einen eher unangenehmen Touch. Es drängt sich schnell die Assoziation von oberflächlichen, langweiligen Gesprächen über das Wetter oder die Parkplatzsituation in der Stadt auf.

Praxisbeispiel

Nehmen wir folgende Alltagssituation: Sie sind auf einer Netzwerkveranstaltung und nehmen Kontakt zu jemandem auf, den Sie nicht kennen.

„Und was machen Sie so?"

„Ich arbeite in der Versicherungsbranche."

„Ah schön."

„Und Sie?"

„Ich leite ein Team bei einem IT-Unternehmen."

„Aha."

Betretenes Schweigen.

„Gute Veranstaltung hier."

„Ja."

„Sind Sie öfter hier?"

„Nein. Zum ersten Mal. Und Sie?"

„Schon öfter."

Geht es Ihnen nicht schon beim Lesen so, dass Sie innerlich abgeschaltet haben? Das Gehirn durchläuft in solchen Gesprächen einen rasanten Bewertungsprozess. Innerhalb weniger Sekunden wird der Gesprächspartner in die „Uninteressant"-Schublade eingeordnet. Hat hier echtes Zuhören stattgefunden? Wirkliches Interesse an dem Menschen, der da gegenübersteht und mit dem womöglich doch einige Gemeinsamkeiten da sind?

Solche Gespräche bieten keine Grundlage für echten Austausch und Kennenlernen. Das Gehirn zeigt Ermüdungserscheinungen, weil der Inhalt als „belanglos" bewertet wird. Eigene Ideenlosigkeit, was dem Gespräch noch hinzuzufügen wäre, sorgt dafür, dass der Gesprächsstoff schnell ausgeht. Der Andere wird als langweilig eingestuft. Damit ist die Beziehung vorbei, bevor sie überhaupt begonnen hat. Dabei wäre dieser Andere vielleicht genau derjenige gewesen, der Ihre Karriere vorantreiben oder Ihnen einen wertvollen Wissensvorsprung generieren könnte. So weit sind Sie mit diesem Small Talk allerdings gar nicht gekommen (Abb. 2.2).

Aber es geht noch schlimmer.

Abb. 2.2 Umsatzzahlen

Praxisbeispiel

Stellen Sie sich nun folgende Situation vor: Der neue Vertriebschef einer Konzernabteilung lernt bei einer Veranstaltung seine Mitarbeiter zum ersten Mal persönlich kennen. Sie stehen kurz vor Beginn der Veranstaltung beieinander. Der neue Chef betritt die Szenerie. Er weiß durch Xing-Profile, wer wer ist, und hat sich im Vorfeld über jeden Einzelnen informiert. Dem Ersten, dem er begegnet, schlägt er kumpelhaft auf die Schulter und sagt:

„Mensch, Sie sind der Mayer!"(Name geändert!) Weiter fährt er fort:

„Ich hab mir mal Ihre Zahlen angeschaut. Da müssen wir aber dringend was tun."

Wiederum ein Beispiel aus der Realität. Dem betroffenen Vertriebsmitarbeiter bleibt fast der Keks im Hals stecken, den er gerade essen wollte.

Sie können sich vorstellen, welche Verbindung hier entstanden ist, wenn man überhaupt von einer Verbindung sprechen kann.

Was ist das Ziel von Small Talk? Es geht darum, eine gute Atmosphäre zu schaffen und Gemeinsamkeiten zu entdecken – auch und gerade auf der Business-Ebene. Das kann aber nur geschehen, wenn nicht von vornherein eklatante Fehler wie in dem eben beschriebenen Führungsbeispiel gemacht werden: Zum einen geht es in erster Linie nicht ums Geschäft, sondern darum, die Verbindungen erst einmal aufzubauen und zu festigen. Dann gibt es eine wichtige Small-Talk-Regel:

Geben ist seliger denn Nehmen.

Wer zunächst in seine Netzwerke investiert, seinen Kontakten neue Kontakte vermittelt, Tipps oder Insiderinformationen zusteckt, der signalisiert: Seht her, ich hab's nicht nötig mich anzubiedern. Ich schenke dir etwas, egal, ob etwas zurückfließt oder nicht. Der Rückfluss stellt sich in der Regel von ganz allein ein.

Das ist bei Soft Skills nicht anders als bei Hard Skills. Innovationen erfordern zunächst ein Investment. Danach erfolgt die Umsetzung oder Produktion und erst dann fließt das Investment wieder zurück – eigentlich eine ganz einfache Regel. Sie setzt voraus, dass Sie Ihren Netzwerkkontakten erst einmal zugehört haben, um zu wissen, was sie gerade umtreibt.

Tipp 1 – Zuhören als Icebreaker

Wie also den Small Talk gestalten, wenn Sie nicht der geborene Small Talker sind? Startet das Gespräch mit den üblichen Wetterkommentaren – zu heiß, zu kalt, soll wärmer werden, soll regnen –, gehen Sie doch mal über die Kommentarebene hinaus. Schildern Sie ein Erlebnis, bei dem das Wetter nur der Aufhänger ist. Erzählen Sie von Ihrem neu kreierten Garten, dem ins Wasser gefallenen Osterurlaub auf Mallorca oder berichten Sie von Ihrem neu erworbenen Gasgrill, den Sie bei gutem Wetter ausprobieren möchten. Den Unterschied machen die verschiedenen Hirnregionen. Während Wetterkommentare auf der kognitiven (Zahlen-Daten-Fakten) Ebene hängen bleiben, vernetzen wir das selbsterlebte Ereignis auf ganzer Ebene. Wir erzeugen Bilder im Gegenüber, verknüpfen das Erlebte mit Emotionen und sorgen so dafür, dass das Gegenüber berührt ist und sein Assoziativgedächtnis befeuert wird. Und dann sind Sie mit der wahren Meisterschaft dran: dem Zuhören.

Tipp 2 – Den anderen als Experten würdigen

Sobald das Gegenüber von seinen Erlebnissen und Erfahrungen berichtet, ist es Experte auf diesem Gebiet. Jeder Mensch ist gern Experte auf irgendeinem Gebiet: Experte für den Mallorca-Urlaub, den Gasgrill oder nicht zuletzt wie bei dem

Beispiel mit dem neuen Chef Experte der Abteilungskultur. Sie werden feststellen, dass jeder Mensch spannende Erlebnisse zu berichten hat, wenn er die Chance dazu bekommt. Und wie Sie bereits wissen: Reden schüttet Glückshormone aus. Demnach sind Sie in einem Small Talk, in dem Sie den Anderen glänzen lassen, ein „Glücksbringer".

3

Zuhören in Konfliktsituationen

Zusammenfassung Konflikte sind emotional aufgeladene Situationen. Es geht um unterschiedliche Ziele, Interessen oder Werte. Wer sich ungerecht behandelt fühlt, denkt nur an das eigene Bedürfnis und verliert das Verständnis für den Anderen. Damit ist die Zuhörfähigkeit eingeschränkt, Problemlösungen sind erschwert. Echtes Zuhören in Konflikten ist die Champions-League der Kommunikation.

3.1 Perspektivwechsel

Über den eigenen Eisberg hinausdenken

Konflikte verschließen die Zuhörkanäle. Das erschwert das Lösen von Konflikten. Wir haben in Auseinandersetzungen einen extremen Fokus auf die eigene Wahrnehmung und sind dann nicht mehr in der Lage zuzuhören.

Wenn Sie an eine bestimmte Konfliktsituation denken, können Sie dann Zuwendung für den Anderen entwickeln? Insbesondere, wenn der sich danebenbenimmt und eine völlig unverständliche Sichtweise hat? Das ist nicht möglich, werden Sie vielleicht denken.

© Springer Fachmedien Wiesbaden GmbH, ein Teil von Springer Nature 2019
A. Ames, *Schlüsselkompetenz Zuhören*, Fit for Future,
https://doi.org/10.1007/978-3-658-27188-6_3

Spüren Sie die Emotionalität in diesen Zeilen?
Woran liegt das?

Beim Zuhören durchlaufen die verbalen und nonverbalen Botschaften unsres Gegenübers immer den eigenen Wahrnehmungsfilter. Sind wir gerade aufnahmefähig? Stellen wir die Botschaft in den vom Sender gemeinten Kontext?

Unser Erfahrungsschatz spielt hier eine zentrale Rolle. An welche Erfahrungen erinnern wir uns und welche Emotionen stehen mit dieser Erfahrung im Zusammenhang?

Verbinden wir beispielsweise mit einem Choleriker unangenehme Erinnerungen, hat unser Gehirn das nicht nur kognitiv abgespeichert. Die negative Emotion ist mit der Erfahrung neurologisch verbunden, ungeachtet dessen, ob im neuen Fall völlig andere Beteiligte im Spiel sind. Das Gehirn und die Zellen erinnern sich und spülen automatisch alle negativen Emotionen wieder hoch. Das ist in ungefähr dasselbe wie die Vorgehensweise des Gehirns bei einer (kleinen) traumatischen Erfahrung.

Ich hatte einmal einen kleinen Unfall mit Stöckelschuhen. Beim Autofahren trage ich normalerweise immer flache Ballerinas oder Sneaker und wechsle erst vor Arbeitsbeginn die Schuhe. Dieses eine Mal hatte ich sie vergessen. Was beim Autofahren zunächst kein Problem ist, beim Aussteigen jedoch blieb ich an der Türkante hängen, fiel hin und schlug unsanft mit dem Gesicht zuerst auf dem harten Asphalt auf. Entsprechend kam ich mit blutigem Gesicht zum ersten Mal bei einem neuen Kunden an.

Was mein Gehirn abspeichert, ist, dass diese Stöckelschuhe mich dazu bringen, im wahrsten Sinn des Wortes „auf die Nase zu fallen" – eine extrem effiziente und nachhaltige Form von Lernen. Das Gehirn hat durch einen heftigen, elektrischen Impuls das Erlebte mit den negativen Emotionen verbunden (Angst, Unsicherheit, Schreck) und spült sie automatisch beim nächsten Tragen der Schuhe wieder hoch. So ist die Gefahr tatsächlich erhöht, dass sich der kleine Unfall wiederholt. Ich kann diese Schuhe seitdem nicht mehr tragen.

Eine andere aus der Steinzeit resultierende Systematik des Gehirns ist die des Interpretierens. Das war vor Jahrmillionen eine Überlebensstrategie. Der Steinzeitmensch konnte beim Angriff nicht erst nachdenken und überlegen, wie er die Situation einzuschätzen hat. Durch das blitzschnelle Interpretieren war unserem Urahn sofort klar, was Sache ist, und das ganze System konnte sich innerhalb von Bruchteilen von Sekunden auf Kampf- oder Fluchtmodus einstellen.

Heute ist uns dieses schnelle Bewerten eher im Weg. Schnell haben wir eine Person oder deren Verhalten in eine Schublade gesteckt, die gar nicht die ganze Bandbreite an Wahrheiten zeigt. Noch stärkere Auswirkungen hat dieser Bewertungsautomatismus, wenn es um Konflikte geht. Typische Dialoge in Konflikten sind Ja-Aber-Dauerschleifen-Diskussionen. Jeder will recht haben, keiner erhält das gewünschte Verständnis, eine Lösung nicht möglich. Das liegt nicht zuletzt daran, dass der Zuhörkanal nicht geöffnet ist, weil die eigene Bedürftigkeit nach gehört werden so groß ist.

Wenn das Kind sein Zimmer nicht aufgeräumt hat, mag das anfangs noch in Ordnung sein. Bleibt das Problem trotz konkreter Handlungsanweisung am nächsten und übernächsten Tag bestehen, wechselt das Gehirn nun vom kognitiven Verarbeiten ins Großhirn und gibt jede Menge Emotion hinzu. Wir Eltern regen uns auf. Ein vernünftiges Analysieren der Situation ist zunehmend erschwert. Wiederholt sich die Szene trotz erneuter verschärfterer Ansage, landet die Interpretation der Situation im Reptiliengehirn. Nun gibt es kein Halten mehr, der Streit eskaliert. Sämtliche Vernunft ist ausgeschaltet, Zuhören nicht mehr möglich. Dabei waren es möglicherweise diesmal die Lateinvokabeln, die das Kind vom Aufräumen abgehalten haben. Statt die Motive des Kindes zu hinterfragen, haben wir aufgrund unsrer verletzten Gefühle erst einmal losgepoltert. Das ist die „doofe Sache" mit den zwei Eisbergen.

Praxisbeispiel

Begeben Sie sich gedanklich einmal in ein Mitarbeitergespräch. Stellen Sie sich folgende Situation vor: Der Mitarbeiter ist für 13 Uhr zum Mitarbeitergespräch geladen. Die Tür ist geschlossen, wahrscheinlich ist der Kollege noch im Gespräch. Der Mitarbeiter klopft an und bittet um Einlass. Er wird mit einem unsanften Ton gebeten zu warten. Nach einer Viertelstunde klopft er erneut an. Er wirft einen Blick ins Zimmer, nimmt den ärgerlichen Blick des Chefs wahr und ehe er sich's versieht und einen konstruktiven Lösungsvorschlag machen kann, wird er wieder mit angesäuertem Tonfall hinausbefördert. Eine halbe Stunde später – der Mitarbeiter ist im Vertrieb tätig, die Gespräche finden nicht am Arbeitsplatz, sondern wegen der besseren Erreichbarkeit im Hotel statt – wiederholt sich die Situation zum dritten Mal. Innerlich platzt dem Mitarbeiter der Kragen.

Wie sind nun die Gedanken, Gefühle und Bedürfnisse beim Mitarbeiter? Irritiert ist er mit Sicherheit. Es kommt auf die Beziehung der beiden an. Ist diese vorbelastet, schleicht sich Verurteilen ein. „Blöder Chef" ist dann noch die charmanteste Umschreibung seiner Gedanken. „Was will der?", könnte eine weitere Fragestellung sein oder „Was bildet der sich eigentlich ein?".

Emotional stellt sich Ärger oder Unsicherheit ein, je nach Typ. Manch einem kommt ein Rachegedanke. „Gut, wenn der mich so behandelt, mach ich eben Dienst nach Vorschrift. Soll der Chef sehen, wo er bleibt."

Achtung Schubladengefahr! Gerade von Chefs erwarten wir ein vorbildliches, humanes Verhalten, ähnlich wie bei unseren Eltern. Nur um im Laufe unseres Lebens festzustellen, dass Eltern und Chefs eben auch nur Menschen sind – mit Stärken und Schwächen.

Der Situation liegt ein reales Beispiel zugrunde. Hier war der Chef noch im Gespräch mit der vorherigen Kollegin, als die betroffene Mitarbeiterin mehrfach abgewiesen wurde. Im Gespräch teilte die Kollegin dem Chef mit, sie habe Krebs und nur noch eine Lebenserwartung von sechs Monaten.

Verändert das die Situation?

Es gibt tatsächlich Menschen, denen es in Sachen Konfliktlösung ausreicht, den Kontext zum Verhalten des Chefs zu erfahren. Sie entwickeln Verständnis und sagen: „Schwamm drüber", das Thema ist abgehakt. Der Mitarbeiterin, die das Ganze real erlebt hat, reichte der Kontext nicht aus. Sie fühlte sich durch das Verhalten des Chefs derart respektlos behandelt, dass ihr ein klärendes Gespräch wichtig war, das zwei Tage später stattfand. Die Mitarbeiterin hatte um Verschiebung gebeten, da sie wusste, dass die Situation sonst eskalieren würde. Dabei stellte sich heraus, dass dem Chef sein Fehlverhalten gar nicht bewusst war. Er hatte sich ganz auf die todkranke Kollegin konzentriert.

Tipp 1 – Reflexion

Beim Reflektieren geht es um inneres Zuhören (Abb. 3.1). In einer emotional aufgeladenen Situation heißt es erst einmal: Emotionen wieder runterkochen. Das gelingt durch einfache Maßnahmen auf der körperlichen Ebene. Eine Notfallstrategie, wenn Sie zum Beispiel bei einem Angriff im Meeting nicht aus der Situation herauskönnen, ist tiefes Ein- und Ausatmen! Fokus auf Ausatmen! Das hilft, die Stresshormone wie das Adrenalin abzubauen und wieder einen klaren Kopf zu bekommen. Natürlich hilft auch Bewegung oder eine Nacht drüber schlafen. Wer in seiner ersten Wut eine E-Mail verfasst, stellt nach einer Nacht drüber schlafen fest, dass er froh ist, die E-Mail nicht abgeschickt zu haben.

Sobald wir wieder vernünftig und klar denken können, gilt es die Situation zu reflektieren. Interessant ist der Eisberg des Anderen. Was sind die Erfahrungen, Motive und Bedürfnisse des Konfliktgegners? Liegt es unter Umständen an einer unterschiedlichen Persönlichkeit oder an unterschiedlichen Wertesystemen? Spannend ist auch die eigene

Abb. 3.1 Reflexion

Reflexion. Wenn wir in einer Konfliktsituation überreagieren, geht es immer um einen eigenen Anteil. Eine Lernerfahrung. Das kann zum Beispiel eine Kindheitsprägung sein. Was damals schon an der Seele gekratzt hat, kann jetzt wieder hochkochen.

Die Situation wirklich in ihrer Tiefe zu begreifen, ist die Grundlage für gegenseitiges Verständnis.

Tipp 2 – Akzeptanz

Wertschätzung in der Konfliktsituation heißt, die Werte des anderen zu schätzen. Insbesondere dann, wenn sich die Werte unterscheiden. Sie müssen den Anderen nicht unbedingt verstehen. Mit Akzeptanz ist schon viel getan.

Ein klärendes Konfliktgespräch ist erst sinnvoll, wenn Sie in der Lage sind zuzuhören, ohne zu verurteilen. Unter Umständen entfällt das Gesprächsbedürfnis, wenn Sie durch das Reflektieren die Sichtweise des Anderen nachvollziehen können. Wer eine Klärung herbeiführen möchte, der sollte zuerst zuhören, und zwar in der vollen Bandbreite: Finden Sie neben den Fakten die Beweggründe, Emotionen und Motive des Gesprächspartners heraus. Versuchen Sie, Verständnis für die andere Sichtweise zu äußern und erst dann geben Sie Ihren Standpunkt wieder. Diese Vorgehensweise steigert wiederum Ihre Chancen auf Verständnis und auf eine akzeptable Lösung des Konfliktes.

Beachten Sie: Zur Konfliktklärung gehören immer zwei. Sie können noch so gut zuhören, wenn der Andere unnachgiebig auf seinen Standpunkt beharrt, versuchen Sie, die Situation zu akzeptieren. Manchmal hilft Zeit, das Einbeziehen eines Streitschlichters, einer höheren Ebene oder ein „sich arrangieren" mit der Persönlichkeitsstruktur des Anderen, weil man ihn nicht ändern kann.

3.2 Achtsames Zuhören ohne Wertung

Ein Grund für die eingeschränkte Zuhörfähigkeit ist der „Beziehungskiller" Erwartung. In dem obigen Beispiel des Mitarbeitergesprächs erzeugt das Warten der Mitarbeiterin ein „Sich-abgefertigt-Fühlen". Ihr Bedürfnis nach respektvollem Umgang ist nicht erfüllt. Der Respekt ist aus ihrer Perspektive der vorrangige Wert, der nicht geschätzt wird. Sie setzt automatisch voraus, dass ihr Chef genauso empfindet wie sie. Zugleich nimmt sie nicht wahr, dass ihm sein Verhalten gar nicht bewusst ist und er in Stress-Situationen anders reagiert als sie. Der Teufelskreis beginnt mit der Erwartung. Wird diese nicht erfüllt, löst das Gehirn sofort negative Emotionen aus und reagiert mit Enttäuschung. Die Erwartung wird enttäuscht. Aus diesem unbewussten Programm auszusteigen, kostet etwas Anstrengung.

Doch genau hier liegt die Chance. Sich bewusst zu machen, dass unterschiedliche Menschen unterschiedliche Motive und Werte haben, bedeutet Handlungsalternativen zu bekommen. Eine veränderte Sichtweise bringt neue Möglichkeiten ins Spiel.

Der Chef befindet sich wiederum in einem völlig anderen unbewussten Prozess. Er hört der anderen Kollegin zu, dem dritten Eisberg in dieser Situation, und erfährt, dass diese eine unheilbare Krankheit hat.

Die Frage ist, welchen Zuhörstil er pflegt.

Der Pädagoge Dr. Martin R. Textor unterscheidet in seiner Forschung über die Erzieher-Kind-Beziehung verschiedene Zuhörstile. (Textor 2007) Diese haben auch auf Konflikte in der Arbeitswelt entscheidenden Einfluss. Textor hinterfragt, auf was sich der Zuhörer im Gespräch konzentriert:

- Ist das die Person an sich, auf deren Bedürfnisse, Gefühle und Interessen?
- Oder liegt der Schwerpunkt eher auf dem Inhalt der Botschaft, also dem Informationsgehalt und den geäußerten Gedanken?
- Oder interessiert sich der Zuhörer auf den Handlungsaspekt?

Alle Aspekte des Zuhörens sind wichtig. Für ein echtes Zuhören ist es entscheidend, ob der Zuhörer zwischen den einzelnen Stilen hin und her wechseln kann. Stellen Sie sich die Frage, ob Sie empathisch sind, wenn der Andere heftige Emotionen und Probleme verspürt? Oder ob Sie nicht darüber hinweg gehen, weil Sie keine Zeit und kein Interesse, sich in der Situation unwohl gefühlt haben oder einfach unsicher sind, weil Sie nicht wissen, wie Sie am besten reagieren.

Und hier sind wir bei des Pudels Kern. Der Chef ist vom Typ her eher sachlich veranlagt und pflegt daher vorwiegend den inhaltsorientierten Zuhörstil. Er weiß, dass er empathisch reagieren sollte. Die Mitteilung über die Krankheit hat die Kollegin sehr verletzbar gemacht. Wahrscheinlich fließen Tränen, Es ist eine hochsensible Situation. Empathisch und bedürfnisorientiert entspricht aber nicht dem Naturell des Chefs. Insofern sind die Gedanken des Handlungsorientierten Zuhörers eher: Was kann ich tun? Wie regle ich die Nachfolge? Was muss jetzt als Nächstes passieren?

Das ist kein Zeichen von Herzlosigkeit, sondern Teil der Persönlichkeitsstruktur. Zugleich kann das Erkennen der eigenen Schwäche beim Thema Empathie dafür sorgen, dass der Chef überfordert ist und sich auf dem Gebiet der Emotionen hilflos und überfordert fühlt.

Die Kindheitsprägung beeinflusst ebenfalls den Zuhörstil. In der aktuellen Leistungsgesellschaft und digitalen Arbeitswelt spielen Emotionen eine untergeordnete Rolle. Männer wachsen nach wie vor mit Glaubenssätzen heran, wie: „Du musst stark sein", „Ein Indianer kennt keinen Schmerz", „Ein Mann heult nicht". Das Gehirn hat diese Sätze derart konditioniert, dass sie nicht hinterfragt werden. Der Chef ist im Dilemma. Auf der einen Seite weiß er durch zahlreiche Führungskräfteschulungen, er muss Mitgefühl haben. Auf der anderen Seite spuken in seinem Gehirn unbewusste Programme wie „Wer nicht mehr leisten kann, ist schwach und hält das ganze System auf" herum.

Hinzu kommen die Werte. Der Chef hat in der digitalisierten Arbeitswelt vorwiegend das Stichwort „Effizienz und Ziele erreichen" im Fokus. Dazu ist er in seiner Rolle als Führungskraft auch angehalten. Respekt spielt in seinem Wertesystem eine eher untergeordnete Rolle. Er weiß, Ziel und Effizienz sind in Gefahr, wenn die kranke Kollegin ausfällt und er einen Nachfolger neu besetzen muss. Das löst Handlungsdruck aus.

Das Bewusstsein reicht bei all der Anstrengung, die sein Gehirn bei der Schocknachricht leistet, gerade noch für die kranke Kollegin aus. Die Mitarbeiterin, die vor der Tür steht und wartet, ist jedoch völlig außerhalb der für ihn machbaren Wahrnehmung.

Tipp 1 – Achtsames Zuhören

Eine typische Konfliktgefahr lauert in Projekten. Der Projektleiter macht einen konstruktiven Vorschlag zur Problemlösung und sofort kommt der Kommentar: „Das ist eine blöde Idee, die lässt sich sowieso nicht realisieren." Achtung, Wertung! Statt hier in die Falle zu tappen, sich und seinen Vorschlag zu verteidigen, oder den Angreifer der Idee als „Idioten" zu verurteilen, ist Achtsamkeit gefragt. Innehalten, Zuhören, herausfinden, was ihn zu dieser Aussage führt. Da hilft schon eine Frage wie zum Beispiel: „Wie meinst Du das?" oder „Was führt Dich zu der Ansicht, dass die Idee blöd ist?"

Das sorgfältige, achtsame Analysieren der Situation bewirkt, die Wertung und damit die negative Emotion herauszunehmen. Außerdem verschafft es Ihnen wertvolle Zeit, in der Sie sich sortieren können und zeigen: Ich fühle mich nicht angegriffen. Achtsamkeit bedeutet in diesem Zusammenhang, in sich selbst und den Anderen hineinzuhorchen. Machen Sie in Konflikten die Ebene transparent, die beim Eisberg unterhalb der Wasseroberfläche liegen – sprich die nonverbale Ebene des Konfliktgegners mit all seinen Gedanken, Gefühlen, Bedürfnissen, Werten und Vorerfahrungen.

Die Situation ist passiert, Konflikte lassen sich nicht vermeiden. Gerade in der digitalisierten Welt, die bei aller Beschleunigung die Chancen zum Innehalten und Klären von Missverständnissen oder unterschiedlichen Wertvorstellungen erheblich reduziert hat.

Tipp 2 – Hinterfragen statt Verurteilen

Wenn ein Klärungsgespräch stattfindet, ist Transparenz wichtig. Machen Sie besagte nonverbale Ebene klar. Das können Fragen sein, wie zum Beispiel: Wie hast du die Situation erlebt? Inwiefern hast du so oder so gehandelt? Was war dir in der Situation wichtig? Wie hast du das Erlebte empfunden? Wie ist es dir damit ergangen?

Damit der Andere sich nicht ausgefragt und wie in einem Verhör fühlt, eignet sich auch das Mittel der Vorannahme. Statt eine Frage zu formulieren, können Sie auch verbalisieren. „Ich habe den Eindruck, Du bist mit der Situation überfordert gewesen." „Vermutlich ist Dir das extrem schwergefallen." „Und Dir war wichtig, überlegt vorzugehen?" „Wahrscheinlich warst Du im Stress und hattest den Fokus woanders."

Erst wenn alle Aspekte – Gedanken, Gefühle, Werte, Handlung – beleuchtet sind, können wir uns ein entsprechendes Bild machen. Wir verstehen den Anderen in all seiner Komplexität. Das Verurteilen entfällt.

3.3   Von Triggerpunkten und Zuhörverhinderern

Echtes Zuhören ist kein Luxusthema, sondern künftig „überlebensnotwendig", ob bei einer Einzelperson oder bei einem ganzen Unternehmen.

Praxisbeispiel

In einem süddeutschen mittelständischen Unternehmen herrscht eines Tages akute Montags- und Freitagskrankheit. Die Krankenquote liegt weit über dem aktuellen Schnitt von 17,4 Tagen je Arbeitnehmer. (Zur Info: Zehn Jahre zuvor lag der Schnitt nur bei 11,5 Tagen.) Maßnahmen, die von der Geschäftsleitung kommen, werden beschossen. Insbesondere wenn sie nicht zum Tagesgeschäft gehören. Umstrukturierungen sind nur mit einem ungeheuer großen Energieaufwand zu bewältigen.

Bei dem Unternehmen führte ich über Jahre hinweg verschiedene Kommunikationstrainings durch. Eines Tages sitzt mir eine ältere Teilnehmerin gegenüber. Ihre gesamte Körpersprache demonstriert Verweigerung. Bereits in der Einstiegsrunde bemerkt sie in einem bissigen Tonfall, dass sie sich gar nichts von der Schulung erwarte. Man solle erst mal fachliche Themen schulen, statt einen solchen Unsinn zu fabrizieren. Ob man hier von ihr erwarte, dass sie lernt, wie sie den Telefonhörer abzuheben habe?

Ihre ganze Haltung spiegelt Boykott. Es ist klar, dass die Teilnehmerin etwas triggerte, was sie überreagieren lässt. Schnell ist der Hintergrund zu diesem heftigen Ausbruch klar. Die Teilnehmerin öffnet sich, als sie im Seminar endlich Gehör findet. Frustration, Ängste und Blockaden bahnen sich ihren Weg. Sie hat ein paar äußerst ungute Erfahrungen mit Umstrukturierungen gemacht. Außerdem hat sie insgeheim schlicht Angst, zum alten Eisen zu gehören. Die Teilnehmerin steht kurz vor der Rente. Ihre Geduld ist am Ende.

Dem Unternehmen stand über zwei Jahrzehnte ein Geschäftsführer voran. Alles lief routiniert. Als zwei Neue den Geschäftsführer nach diesem langen Zeitraum ablösen, bleibt kein Stein mehr auf dem anderen. Verständlicherweise, denn Umstrukturierungen sind zwingend notwendig. Das hat für die Mitarbeiterin, die Neuem schon per se skeptisch gegenüber steht, ungeahnte Konsequenzen. Ihr werden nicht nur ständig neue Arbeitsprozesse zugemutet, sie muss auch neun Mal innerhalb von drei Jahren in andere Büros umziehen. Jedes Mal ohne Vorwarnung. Als sie noch völlig ungeschult über der Tastatur der neuen Telefonanlage steht, ist das Maß voll. Sie erledigt ihr Tagesgeschäft, aber keinen Deut mehr. Montags- und Freitagskrankheit sind da nur eine logische Folgeerscheinung.

In dem Training werden ihre Erfahrungen getriggert. Sie fühlt sich von der Geschäftsleitung im Stich gelassen. Sie fühlt sich kompetenzlos, weil nach der jahrzehntelangen Routine immer wieder Neues auf sie einprasselte. Ihr entgleitet die Kontrolle, was für sie als Perfektionistin ungeheuer wichtig ist. Keiner hört zu. Und mit großer Wahrscheinlichkeit kommen auch noch negative Vorerfahrungen zum Tragen, die die Situation für sie unerträglich machen. Die Schulung bringt das Fass endgültig zum Überlaufen. Auf mich als Trainerin projiziert sie ihren ganzen Frust. Ich bin in ihrer Wahrnehmung „Abgesandter" der beiden neuen Geschäftsführer, die ihre kleine, solide Welt völlig durcheinander gebracht haben.

Ihr Frust hat bis jetzt bei den Entscheidern kein Gehör gefunden. Geschäftsführer oder Personen in hohen Führungspositionen ziehen bei solchen Mitarbeitern schnell die Schublade „Komfortzone" und „Verhinderer" auf. Es ist unangenehm und wenig zielführend, sich mit ihnen auseinanderzusetzen. Sie delegieren das gerne an die Ebene darunter. In besagtem Fall sind das die Teamleiter.

Doch selbst die Mittler zwischen Geschäftsleitung und Sachbearbeitern haben kein Ohr für die meuternde Mitarbeiterin. Ebenso nachvollziehbar. Die Teamleiter sind den Umstrukturierungen und der Neugestaltung der Prozesse beschäftigt. Da wirkt die ältere Kollegin wie ein Bremsklotz. Zudem ist sie mit ihrer permanenten Meckerei extrem nervig und Gift für die ganze Abteilung.

Wie sollen da Prozesse optimiert und erneuert werden? Effizienter Change in einem solchen Fall? Fehlanzeige. Zumal mit der gestiegenen Krankenquote immer wieder Löcher gestopft werden müssen.

Im konkreten Beispiel reicht Zuhören in der Trainingsmaßnahme übrigens nicht mehr aus. Die Teilnehmerin ist so in ihrer meuternden Haltung gefangen, dass es keinen Sinn macht, sie in der Schulung zu lassen. Zuhören in einem früheren Stadium, Mitgestalten lassen der neuen Prozesse hätte die Konflikteskalation verhindern können.

Dass Zuhören keine Luxusthema ist, zeigt auch ein anderes Beispiel.

Praxisbeispiel

In einem Vertriebsmeeting steht am Flipchart die Zahl 77. Der Vertriebsleiter rätselt, was diese Zahl zu bedeuten hat. Vor der Pause ist die Zahl noch nicht da. Die Kollegen müssen sie also währenddessen auf das Chart visualisiert haben.

Vorausgegangen ist ein großer bürokratischer Kraftakt. Für das Vertriebsmeeting sollen die sieben beteiligten Vertriebsmitarbeiter Präsentationen vorbereiten. Inhalt sind die individuellen Ergebnisse und Umsatzziele. Anders als üblich besteht der Vertriebsleiter darauf, die Präsentationen in einem ganz besonderen von ihm vorgegebenen Modus zu halten. Er teilt nicht mit, warum er auf dieses Layout besteht. Für die Umsetzung ist ein hohes Maß an Detailarbeit notwendig. Die Kollegen sind genervt. Jeder Ausweichversuch, jede Diskussion mit dem Chef wird im Keim erstickt. Die Kollegen kommen um die nervige Arbeit nicht herum. Das weckt „Rachegelüste". Die sieben Kollegen sprechen sich untereinander ab und setzen ein Statement.

77 – diese Zahl entspricht dem zusätzlichen Aufwand an Stunden. Jeder Einzelne von ihnen hat 11 Stunden investiert, um die Ergebnisse so zu präsentieren, dass sie den Vorgaben des Vertriebsleiters entsprechen.

Die Vertriebsmitarbeiter präsentieren die 77 just zu dem Zeitpunkt am Flipchart, als sich Marketingleiterin und Geschäftsführer der Firma zum Vertriebsmeeting dazugesellen (Abb. 3.2). Die Kollegen können keinen Rückzieher mehr machen, die Zahl ist deutlich sichtbar visualisiert.

Ein eklatanter Gesichtsverlust für den Chef. Statt sich gegenseitig zuzuhören und über Beweggründe oder Sinnhaftigkeit zu sprechen, dauert es Monate, bis der Vertrauensverlust wieder hergestellt ist. Es folgen zahlreiche ungute Diskussionen und Debatten.

Abb. 3.2   77

Tipp 1 – Zuhören als Konfliktprophylaxe

Je tiefer Sie beim Zuhören gehen, desto schneller erkennen Sie konfliktproduzierende Verhaltensweisen und Muster. Einen Konflikt einfach auszusitzen war noch nie eine gute Lösung. Aussitzen heißt nicht, dass der Konflikt nicht mehr vorhanden ist. Unter dem Mantel der Verschwiegenheit kann er sich verschärfen und wesentlich mehr Zeit und Energie verbrauchen als gedacht. Frühzeitiges Ansprechen von Ungereimtheiten hilft, die Dinge in die richtige Bahn zu lenken. Bei den Vertrieblern hätte es geholfen, zunächst die Motive des Vertriebsleiters und die Sinnhaftigkeit zu hinterfragen. Bei den anschließenden Diskussionen und Debatten hätte auch der Vertriebsleiter die Möglichkeit nutzen können, die Kollegen nicht vor den Kopf zu stoßen, sondern vielmehr die Ablehnung zu hinterfragen und dann den Sinn des anderen Präsentationsmodus zu erläutern. Zuhören ist auf beiden Seiten möglich und hilft, Konflikte zu vermeiden. Vielleicht nicht dieses Mal, aber bestimmt beim nächsten Mal.

Tipp 2 – Transparenz der eigenen Position

Zuhören bedeutet nicht, die eigene Sichtweise zu missachten. Sobald Sie Verständnis oder Akzeptanz für die Perspektive des „Konfliktgegners" entwickelt haben, machen Sie genauso, wie Sie den Konflikt hinterfragt haben, die eigenen Sichtweise transparent. Wenn Sie gut zugehört haben, fühlt sich der Andere so abgeholt, dass seine Zuhörfähigkeit steigt. Sein Bedürfnis nach unbedingtem Rechthaben sinkt, denn er hat genügend Raum bekommen, seine Position darlegen zu können. Jetzt sind Sie dran: Aber Achtung! Da Sie nicht zwangsläufig wissen, welchen Zuhörstil der Andere pflegt, achten Sie darauf, alle nonverbalen Aspekte zu schildern: wie Sie die Situation erlebt haben, in welchem Kontext, Ihre Gefühle und Vorerfahrungen, die zur emotionalen Reaktion geführt haben.

Wenn Sie diese hohe Kunst des Zuhörens in Konflikten beherrschen, werden Sie feststellen, dass sich eine große Gelassenheit im Umgang mit Menschen einstellt. Sie brauchen keine Angst vor den Reaktionen anderer zu haben, oder sich Sorgen zu machen, dass Ihr Standpunkt zu kurz kommt.

Zuhören in Konflikten ist die Champions-League der Kommunikation.

4

Kunden brauchen Aufmerksamkeit

Zusammenfassung Ob im After Sales oder im Verkauf – Vertriebsmitarbeiter und Verkäufer sind meist redegewandt und lösungsorientiert, aber selten gute Zuhörer. Hier liegt ein großes ungenutztes Potenzial. Nur wer durch Zuhören Bedürfnisse und Motive des Kunden erkennt, kann bedarfsgerecht beraten. Vertrauen basiert auf Präsenz und Aufmerksamkeit für den Kunden. Bei aller Effizienz – in der Arbeitswelt 4.0 regiert nach wie vor das Gehirn 1.0. Vor allem wenn es um den eigenen Geldbeutel oder komplexe Problemlösungen geht, hat der Kunde ein großes Bedürfnis nach einem persönlichen Ansprechpartner.

© Springer Fachmedien Wiesbaden GmbH, ein Teil von Springer Nature 2019
A. Ames, *Schlüsselkompetenz Zuhören*, Fit for Future,
https://doi.org/10.1007/978-3-658-27188-6_4

4.1 Wertschätzung im Beschwerdemanagement

Praxisbeispiel

Stellen Sie sich vor, Sie haben Möbel in einem großen schwedischen Möbelhaus bestellt. Der Bestellvorgang ist spielend leicht digital eingegeben. Sie warten sehnsüchtig auf die bestellten Schränke, um nach einem Umzug endlich die letzten Umzugskartons einräumen zu können. Aufgrund Ihres dicht gedrängten Terminkalenders haben Sie die Schrankmonteure für Ihren einzig freien Tag bestellt. Allerdings bemerken Sie bereits am Tag des Umzugs, dass der 1,50-Meter-Schrank besser ins Wohnzimmer passt und der vom Wohnzimmer stattdessen ins Schlafzimmer soll. Ein einfacher Tausch, wären da nicht die unterschiedlichen Türen. Eine in Mattweiß und eine in Hochglanzweiß.

Kein Problem, denken Sie. Schnell ins Auto gestiegen und die freundlichen Mitarbeiter des Schrank-Teams um den Türentausch gebeten. Die schauen entgeistert und antworten, das gehe nicht mehr. Sie kämen nicht mehr ins System. Die Order sei längst abgeschlossen. Sie entgegnen, es sei doch noch zwei Wochen hin bis zum Monteurs-Termin. Daraufhin die Mitarbeiter, man könne den Auftrag stornieren. Dann gebe es einen neuen Montage-Termin. Das jedoch ist bei Ihnen wegen Ihres Terminkalenders unmöglich.

Dann sei die einzige Möglichkeit, so die Mitarbeiter, die passenden Schranktüren jetzt auf eigene Faust quasi doppelt zu kaufen und die anderen hinterher wieder eigenständig umzutauschen. Sie selbst resümieren, das bedeute also, dass Sie als Frau nun vier 2,36 Meter lange Schranktüren wie auch immer aus dem Möbelhaus befördern müsse, und die übrigen Türen könnten nicht von den Monteuren zurückbefördert werden? Richtig, so die Antwort.

Willkommen in der digitalen Welt.

Im Rahmen eines Kaufprozesses ist das Bedürfnis nach einem realen Ansprechpartner selten größer als in der Beschwerde. Alternative Handlungsmöglichkeiten und Verständnis für den Kunden wirken sich positiv auf eine langfristige Kundenbindung aus.

Übrigens hat das schwedische Möbelhaus bei meinem Fallbeispiel alles wieder gut gemacht. Jedoch nicht ohne weitere Verwicklungen. Die Monteure nahmen die übrigen Türen mit, so dass ein direkter Umtausch nicht möglich war. Hintergrund waren Sprachdefizite. Sie verstanden schlicht nicht, dass sie die Türen stehen lassen sollten. So dauerte es rund einen Monat, bis der Vorgang nachvollzogen, die Türen von der Spedition wieder beim Möbelhaus eingingen, und die Reklamation bearbeitet werden konnte. Nicht alle digitalen Prozesse bringen immer die gewünschte Effizienz.

Glücklicher Kunde – glücklicher Mitarbeiter – glückliches Unternehmen. Je komplexer der Vorgang, desto wichtiger ist ein fähiger persönlicher Ansprechpartner. Ob persönlich, am Telefon oder per E-Mail.

Im Beschwerde- oder Reklamationsgespräch ist gekonntes Zuhören ein zentraler Bestandteil. Als Trainerin stelle ich fest, dass es genau da am meisten hakt. Mitarbeiter in der Beschwerdeannahme sind so auf Effizienz und Lösungsorientierung getrimmt, dass das Zuhören zu kurz kommt. Sie wundern sich, warum der Kunde trotz aller Lösungsorientierung so emotional und aggressiv bleibt.

Begeben Sie sich einmal gedanklich in die Rolle eines Vaters oder einer Mutter. Wenn sich das Kind beim Spielen am Knie verletzt hat und es blutet, kleben Sie nicht nur ein Pflaster auf die Wunde. Sie nehmen das Kind auf den Schoß oder in den Arm und trösten es. Liebe und Aufmerksamkeit sind in diesem Fall genauso wichtig wie das Pflaster. Wenn ein Kunde Probleme mit einem verschobenen Liefertermin, Probleme mit dem IT-System oder eine beschädigten Ware erhalten hat, möchte er, dass Sie sich der Tragweite seiner Konsequenzen bewusst sind und diese auch äußern.

Das Problem: In der digitalen Welt bleibt oft zu wenig Zeit für Aufmerksamkeit und Wertschätzung der Emotion, in der sich der Kunde gerade befindet. Die Sache muss schnell vom Tisch. Wenn Mitarbeiter jeden Tag rund 70

Beschwerde-Telefonate erledigen müssen und immer wieder dasselbe hören, gleicht dies Akkordarbeit.

Günter Wallraff, der undercover im Auftrag des „ZEITmagazins" Leben in Callcentern ermittelte, spricht von den Bergwerken der Neuzeit. Zigtausende arbeiteten im Verborgenen, werden unsichtbar und ihre Arbeitsbedingungen auch. (Wallraff 2007)

Je kürzer die Telefonate desto besser. Die Zahl an erledigten Kundengesprächen ist auf Führungsebene derzeit mehr Wert, als die Zufriedenheit der Kunden. Das lässt sich in unsrer verkopften Zahlenwelt deutlich besser messen.

Vom Mitarbeiter erfordert es demnach ein hohes Maß an Energie und Disziplin, sich gedanklich auf den Kunden einzulassen. „Probleme lösen" heißt für ihn „Probleme schnell los haben wollen", um das nächste Gespräch entgegenzunehmen, Gesprächsnotizen zu verfassen oder das nächste Angebot zu schreiben. Hinzu kommt der permanente Lärm durch telefonierende Kollegen im Großraumbüro.

Jeder zweite Deutsche lebt mit einem Lärmpegel von etwa 55 Dezibel, ob an Bahnstrecken, Autobahnen oder Landstraßen. Jeder sechste muss sogar ständig mehr einstecken als 65 Dezibel – was in etwa der Lautstärke einer deutschen Kantine entspricht. (Rettig 2010)

Zum Vergleich: Rauschende Blätter verursachen 10 Dezibel, 30 ein brummender Kühlschrank und 120 ein startendes Flugzeug in geringer Entfernung. Ein normales Gespräch liegt bei 55 Dezibel. Doch schon bei 10 Dezibel mehr ist der Lärm doppelt so stark.

Das ist Stress für Körper und Seele, die Konzentration bleibt auf der Strecke und verursacht Fehler, die Zuhörfähigkeit sinkt rapide.

Das alles ist dem Kunden bei einer Beschwerde egal. Wenn er seit Wochen auf seine Ware wartet oder extrem verärgert ist, weil schon wieder eine Falschlieferung angekommen ist, will er sein Problem verstanden wissen. Er fordert Mitgefühl ein. Erst dann wird eine angebotene Lösung für ihn glaubhaft. Fühlt er sich nicht verstanden, dreht sich das Gespräch im Kreis. Der Kunde gibt sich mit den angebotenen Lösungen nicht zufrieden. Das Gespräch zieht sich in die Länge. Das ist kontraproduktiv für beide Seiten.

Tipp 1 – Erst Zuhören dann lösen

Unterteilen Sie das Beschwerde-Gespräch in zwei Hälften. Legen Sie zunächst all Ihre Konzentration auf das Zuhören. Holen Sie den Kunden ab und gehen Sie auf seine Situation ein, auch wenn es für den faktischen Lösungsprozess keine Rolle spielt. Wenn beim Kunden Bandstillstand droht und es um sechsstellige Ausfallquoten geht, will er die Dringlichkeit des Problems absolut verstanden wissen. Es reicht nicht aus, im Gespräch mitzuteilen, die Ware ginge noch mal raus. Diese Standardlösung zeigt ihm, dass Sie die Ernsthaftigkeit der Situation wegen des Bandstillstands nicht erfasst haben.

Paraphrasieren Sie stattdessen, zeigen Sie Ihre Betroffenheit und dass Sie verstanden haben, dass jetzt in dieser Ausnahmesituation eine Ausnahmelösung erforderlich ist. Wenn in der Automobilbranche Bandstillstand droht, muss bisweilen schon mal ein Helikopter zum Zulieferer geschickt werden. Dieser ist immer noch günstiger als ein Bandstillstand.

Stellen Sie sich einfach ein Arzt-Patienten-gespräch vor. Wenn Sie mit chronischen Kopfschmerzen kommen und gerne der Ursache auf den Grund gehen möchten, wollen Sie auch nicht nur Aspirin verordnet bekommen. Sie erwarten, dass der Arzt ein Diagnose-Gespräch führt, Ihr Anliegen ernst nimmt und das Problem von allen Seiten beleuchtet, bevor er Ihnen irgendein Präparat verschreibt.

Tipp 2 – Nicht einschüchtern lassen

Es gibt Kunden, die schnell aggressiv werden. Sie äußern ihre Aggressionen lautstark. Sie schießen mit Kanonen auf Spatzen, indem sie sofort beschuldigen oder persönlich werden und drohen. Das entspricht dem Verhalten eines tobenden Kindes. Nehmen Sie auch diesen Charakter ernst, hören Sie zu, bleiben Sie bestimmt und im Selbstvertrauen. Alphatier braucht Alphatier. Was ein solcher Charaktertyp gar nicht verträgt, ist ein „unterwürfiges Mäuslein". Das würde nur ein „Täter-Opfer-Prinzip" füttern. Er würde Sie als Ansprechpartner nicht akzeptieren. Machen Sie sich klar: Dieser lautstarke Kunde will mit seiner Aggression einfach nur seine Ziele zu erreichen. In unsrer Gesellschaft haben solche Typen gelernt: Wer am lautesten schreit, kriegt am meisten. Das funktioniert am Urlaubsort, im Hotel, aber auch in der Gastronomie. Er meint nicht Sie persönlich!

4.2 Auch negative Emotionen brauchen Raum

Praxisbeispiel

In der Rentenverwaltung einer Unternehmensberatung stehen die Mitarbeiter einer neuen Abteilung vor einem schwerwiegenden Problem. Sie haben die gesamte Verwaltung der Betriebsrenten eines großen deutschen Konzerns als externer Dienstleister übernommen. Das spart dem Konzern einen hohen Kostenapparat.

Die Überführung der Daten in ein völlig anderes System stellt allerdings einen großen Kraftakt dar. Vergleichbar mit dem Umzug eines großen Unternehmens in neue Räumlichkeiten müssen die Daten umgezogen und neu geordnet werden. Die Schwierigkeit: Die Rentner warten durch die Umstellung bereits mehr als drei Monate auf ihr Geld. Für eine ehemalige Führungskraft, die schon von jeher eine hohe Rente monatlich überwiesen bekommt, mag das nicht so gravierend sein. Für einen ehemaligen Monteur, der mit seiner Rente die ganze Familie finanzieren muss, können dagegen schon hundert Euro Betriebsrente entscheidend sein.

Die Mitarbeiter wiederum haben ein ganz anderes Problem. Selbst wenn sie im Beschwerdegespräch Verständnis äußern – sie wissen: Es gibt keine Lösung. Kein involvierter IT-Mitarbeiter kann sagen, wann das Problem behoben sein wird und wann die Auszahlung letztlich erfolgt.

Das verursacht eine „Riesen-Baustelle" im Kopf. Während des Zuhör-Vorgangs ist das Gehirn der Mitarbeiter mit Gedanken beschäftigt, wie zum Beispiel: Was soll ich nun tun? Ich weiß, dass es jetzt unangenehm wird? Ich kann doch auch nichts dafür! Du warst doch Führungskraft und kriegst genug Rente, was regst du dich eigentlich so auf?

Die Reaktion: Eingeschränkte Zuhörfähigkeit.

Es folgt ein unsicheres, wenig souveränes Rumstammeln beim anstehenden Dialog:

Mitarbeiter: „Die Rente müsste bald kommen."

Rentner: „Das haben Sie das letzte Mal auch schon gesagt."

Mitarbeiter: „Ich kann Ihnen aber nichts versprechen."

Rentner: „*Sie* arbeiten doch in dem Unternehmen. Wenn *Sie* es nicht wissen, wer dann?"

Die Folge: Unzufriedenheit auf beiden Seiten. Der Mitarbeiter fährt seine Anteilnahme aus reinem Selbstschutz auf ein Mindestmaß runter. Der Rentner, der auch nach wiederholtem Anruf weder Anteilnahme noch Lösung erhält, steigert sich in seinen Zorn hinein (Abb. 4.1).

Frust und Hilflosigkeit auf beiden Seiten.

Abb. 4.1   Rente

Stattdessen könnte der Dialog auch wie folgt aussehen:

„Ich sehe, Sie warten schon seit drei Monaten. Das ist natürlich extrem ärgerlich."

„Ja, wissen Sie, ich muss die Familie ernähren."

„Verstehe, dann ist es natürlich besonders dringend. Durch den Umzug der Daten ergibt sich leider diese enorme Verzögerung."

„Und was mache ich jetzt?"

„Ich kann Ihnen nichts versprechen, aber gehen Sie davon aus, dass Sie in den nächsten sechs Wochen Ihre Rente auf dem Konto haben."

Selbst wenn noch unklar ist, ob die sechs Wochen haltbar sind, der Rentner hat ein extremes Bedürfnis nach Verbindlichkeit. Er wird sich nicht eher zufriedengeben bis er eine konkrete Aussage hat. Beim Verständnis unterscheiden Sie zwischen verschiedenen Kundentypen. Dem Prinzipienreiter, der jedes Sandkorn im Getriebe findet, hilft ein Zuhörsätzchen wie: „Das ist korrekt. Es ist schlecht, dass die Rente immer noch nicht da ist. Seien Sie versichert, dass die Kollegen von der IT dran sind …"

Und beim aggressiven, rechthaberischen Typen wirkt: „Da haben Sie vollkommen recht. Das ist schlecht, dass Ihre Rente nach wie vor nicht auf dem Konto ist."

Tipp 1 – Ohne Haltung kein Verständnis

Mitgefühl kommt von mit-fühlen. Gründe, bei einer der Beschwerde nicht zuzuhören, gibt es reichlich. Letztlich kommt es auf Ihr Bewusstsein an. Wollen Sie sich wirklich in den Kunden hineinversetzen, erfordert das Disziplin und Konzentration. Leere Worthülsen wie „Tut mir leid, aber …" können Sie sich sparen. Das erlebt der Kunde in Callcentern oft genug. Er spürt, ob der Satz „Da verstehe ich Sie" ehrlich gemeint ist, oder ob dieser Satz lediglich den Zweck erfüllt, ihn abzuwimmeln. In der Kommunikation sprechen wir von einem kongruenten beziehungsweise inkongruenten Verhalten. Kongruent ist, wenn Inhalt und Tonfall zusammenpassen. Inkongruent ist, wenn die Stimme nicht zum Gesagten passt, das Gesagte als künstlich oder als „so getan als ob" empfunden wird. Überprüfen Sie also immer Ihre Haltung. Das ist eine große Herausforderung – insbesondere wenn Sie ein eher sachlicher Typ sind, Sie den entsprechenden Zuhörstil pflegen und die Dinge gern faktisch und schnell lösen wollen. Nehmen Sie Tempo aus dem Gespräch, sonst fallen Sie aus der Kurve. Und dann ist niemandem geholfen.

Tipp 2 – Raus aus der Routine

Routinen sind heikel. Auf der einen Seite helfen sie uns, im Alltag nicht so viel Energie zu verschwenden. Schwierig wird es aber, wenn das unbewusste routinierte Agieren im Gespräch dazu verleitet, immer wieder dieselben Standardfloskeln zu benutzen. Das hindert am Zuhören und erzeugt Langeweile im Gehirn. Es muss sich nicht mehr anstrengen.

Um dem entgegenzuwirken, ändern Sie einmal Reihenfolgen im Gespräch. Wenn Sie sonst immer mit der Kundennummer beginnen, beginnen Sie doch mal mit einer paraphrasierenden Frage: „Sie sagen, die Ware ist schon wieder nicht da. Was heißt denn schon wieder?" Die Abwechslung hält das Gehirn fit und dem Kunden ist ebenfalls gedient, weil Sie konzentrierter bei ihm sind.

4.3   Im Verkauf

Zuhören statt Zutexten

Die moderne Arbeitswelt bietet mit all ihren Zahlen- und Umsatzvorgaben eine große Anzahl an Verkaufsschulungen an. Für die Manager liegt hier der Ansatz für das große Geld. Wenn der Vertrieb funktioniert, stimmen auch die Zahlen. Insofern wird munter drauflos investiert. Auch auf den digitalen Plattformen tummeln sich Verkäufer. Diese versprechen Ihnen das Blaue vom Himmel. Sie wollen Ihr Onlinemarketing ankurbeln, Ihre SEOs verbessern oder neue Kunden generieren. Selbst ernannte Verkaufsgurus bieten die einzig wahre Verkaufsstrategie an, damit auch bei Ihnen Millionen aufs Konto fließen.

Interessant ist, dass bei dieser Omnipräsenz von Verkaufsschulungen, Büchern und Onlinestrategien nach wie vor so viele eklatante Fehler im Verkauf gemacht werden. Erneut geht es ums Zuhören. Woran liegt es, dass dieses offenbar so banale Thema derart unterschätzt wird? Das hat wiederum mit dem schlechten Image von Zuhören zu tun.

Der rhetorisch starke Verkäufer, der mit den Argumenten nur so um sich werfen kann, wird als kompetent und redegewandt empfunden (Abb. 4.2), derjenige, der sich zurückhält, als vermeintlich schwach. Doch was nützen die besten Argumente, wenn der Verkäufer kein Bild vom Kontext des Kunden hat, von seinen Bedürfnissen und Vorerfahrungen? Ein guter Verkauf ist erst dann gegeben, wenn

Abb. 4.2   Zutexter

sich eine Win-Win-Situation für den Kunden ergibt. Ein Verkauf, von dem nur der Verkäufer profitiert, ist ganz schnell aus dem Rennen um die Gunst des Kunden.

Wer sich bewusst macht, wo die Fehler im Verkauf liegen, hat einen ungeheuren Wissensvorsprung. Er muss ihn nur noch umsetzen.

Fehler Nr. 1: Zutexten statt Zuhören
Manche Verkäufer sind mehr als „Alte Schule", sie sind schon nicht mehr auf dieser (Verkaufs-)Welt.

Praxisbeispiel

Der Verkaufsleiter eines Autohauses berichtete mir einmal gefühlte Stunden von der Brustkrebserkrankung seiner Nachbarin. Eigentlich wollte ich nur mal eben Vergleichsangebote von zwei verschiedenen Modellen haben, um mich zuhause intensiver damit zu befassen. Sein Blick ging stur an mir vorbei. Er redete sich um Kopf und Kragen. Schon nach einigen Minuten war klar, das würde nicht der Verkäufer meines Herzens werden. Ich bekam schon Panikattacken, wenn ich nur daran dachte, ihm beim künftigen Kundenservice erneut zu begegnen. Die Wahl fiel entsprechend auf ein anderes Autohaus, ja sogar auf eine andere Marke.

Kunden haben sich verändert. Der Verkauf hat sich gewandelt. Der Kunde kann sich mehr denn je über die Medien informieren. Autoportale bieten Vergleichsmöglichkeiten, es gibt Foren und Plattformen für die besten Handyverträge oder Strompreise und jeden Tag schießen neue Online-Shops wie Pilze aus dem Boden. Mancher Kunde recherchiert monatelang, bis er zuschlägt. Baut der Verkäufer keine solide Kundenbeziehung auf, spürt er nicht, was den Kunden bewegt und welches Motiv ihn zum Kauf bewegt, ist er raus. Den Umsatz tätigt ein anderer.

Fehler Nr. 2: Bedürfnisse des Kunden ignorieren

Praxisbeispiel

In einer Bäckerei: Eine Kundin möchte einen Kaffee Creme. Sie freut sich, dass es in der Bäckerei eine entsprechende Maschine gibt und bestellt einen Kaffee. Die Verkäuferin läuft schnurstracks zur Thermoskanne und lässt einen Filterkaffee raus.

Die Kundin sagt: „Nein. Ich möchte gerne einen Kaffee Creme."

„Das haben Sie aber nicht gesagt", schießt die Verkäuferin in zickigem Tonfall zurück.

„Egal", fährt die Kundin fort, „Ich möchte trotzdem einen Kaffee Creme."

„Der kostet aber mehr."

„Egal", antwortet die Kundin, „Ich möchte trotzdem einen Kaffee Creme."

„Und was soll ich jetzt mit dem Filterkaffee machen?" fragt die Verkäuferin ärgerlich. Der Becher ist gerade mal zur Hälfte eingefüllt.

„Ach, wissen Sie was?", sagt die Kundin genervt. „Geben Sie mir den Filterkaffee." Sie verlässt die Bäckerei und kehrt nie wieder zurück.

Ein Fall von verkäuferischer Inkompetenz: Die Verkäuferin hat nicht zugehört. Und hier zeigt sich der Unterschied zwischen Zuhören und echtem Zuhören. Den Kundenwunsch hat die Verkäuferin akustisch gehört. Echtes Zuhören setzt voraus, dass die Verkäuferin eine offene und positive Grundhaltung ihrem Job und den Kunden gegenüber hat.

Der amerikanische Psychologe Carl Rogers prägte schon 1985 die Kommunikationstechnik „Aktives Zuhören", der drei Axiome – Grundregeln – zugrunde liegen (Rogers 1985):

- eine empathische und offene Grundhaltung
- authentisches und kongruentes Auftreten und
- die Akzeptanz und positive Betrachtung der anderen Person.

Das echte Zuhören kann schon dadurch eingeschränkt sein, dass die Bäckereiverkäuferin gestresst ist. Vielleicht hatte sie zuvor ein ungutes Gespräch, ist generell mit ihrem Job unzufrieden oder hatte schlicht und einfach bisher keine Verkaufsschulung. Dann erledigt sie ihren Job nach den eigenen Maßstäben, etwa, dass sie durch Kindheitsprägung und Persönlichkeit so zur Sparsamkeit erzogen wurde, dass sie keine Lebensmittel wegwirft. Ordnung und Sparsamkeit gehen über Freundlichkeit und Flexibilität. Dumm nur, wenn der Kunde das anders sieht. Hier geht es zwar „nur" um einen kleinen Handwerksbetrieb, aber auch der lebt vom Umsatz seiner Kunden. Schnell hat sich herumgesprochen, dass man dort nicht ordentlich behandelt wird.

Fehler Nr. 3: Zu schnelles Angebot

In der Kaltakquise geschieht der immer gleiche Fehler: „Guten Tag. Ich bin von der Firma XY, wir haben eine tolle Produktneuheit. Ist das interessant für Sie?" Nein! Dasselbe passiert im Einzelhandel, wenn die Verkäuferin auf den Kunden zustürzt, sobald er den Laden betreten hat und die Frage stellt: „Kann ich Ihnen helfen?" Das „Nein" ist schon auf den Lippen, bevor der Kopf das Denken begonnen hat. Wie soll ein Kunde kaufen, wenn er keine Chance zum Ankommen und Reden erhält? Wenn schlicht egal ist, was er möchte, Hauptsache er kauft. Dann geht es nicht um ihn, sondern nur um den Umsatz des Verkäufers.

Praxisbeispiel

Folgender Dialog ist einer Trainer-Kollegin passiert.
„Hallo hier ist der Marc (Name geändert) von XY. Ich möchte mit Dir über Vertrieb reden."
Sie: „Äh (hä???) danke aber kein Bedarf."
Er: „Ja gut, dann lass uns einen Termin machen!"
Sie: „Nein danke!"
Er: „Passt es Dir gleich nächste Woche?"
Ihre Gedanken: Rede ich chinesisch? Und das ist die neue Art des Vertriebs? Penetranz am Telefon?

Das Produkt oder die Dienstleistung kann noch so gut sein, wenn der Verkäufer direkt mit der Tür ins Haus fällt, löst er einzig und allein einen Flucht- beziehungsweise am Telefon einen Auflege-Reflex aus. Stellen Sie sich vor, Sie haben ein Blind Date. Sie haben die Angebetete oder den Angebeteten noch nie gesehen. Beim ersten Zusammentreffen nehmen Sie das Gespräch auf mit der Frage: „Zu Dir oder zu mir?"

Das mag vielleicht in manch einem Gewerbe funktionieren, aber nicht in der seriösen Geschäftswelt. Um kaufen zu können, brauchen wir ein Gefühl des Vertrauens – in eine Marke, in ein Unternehmen oder in die Person, die verkauft. Das ist nur möglich, wenn uns zugehört wird.

Betrachten Sie eine Kaltakquise als ersten Schritt zum Beziehungsaufbau und setzen Sie sich nicht unter Druck, direkt etwas verkaufen oder einen Termin vereinbaren zu wollen. Steigen Sie nach der Begrüßung mit einem Gesprächsgrund ein.

„Ich rufe an, weil ich im Internet gelesen habe, dass Sie Altbauten sanieren. Nun hat unser Unternehmen ein völlig neues Verfahren entwickelt, um Heizungsrohre in die Fußleisten zu verlegen." Pause!

Diese Pause ist notwendig, um den Kunden die Information verarbeiten zu lassen. Jetzt folgt Ihr Part: der Part des Zuhörens. Warten Sie ab, der Kunde wird nun in irgendeiner Weise reagieren, beispielsweise folgendermaßen:

Kunde: „Von welcher Firma sagten Sie, sind Sie?"
Sie: „Von der Firma XY."
Kunde: „Ach ja, da habe ich auch mal etwas bestellt."
Sie: „Darf ich fragen, warum Sie nicht mehr bestellt haben?"
Kunde: „War alles in Ordnung, aber ich hatte bereits feste
   Zulieferer. Und was bieten Sie da an?"

Das Interesse des Kunde kommt von allein, wenn Sie ihn zuvor nicht bedrängt haben.

Fehler Nr. 4: Druck ausüben

Bei einem persönlichen Beratungsgespräch in einem exklusiven Möbelhaus hat sich die Kundin für Designer-Tisch und Stühle aus dem Sale entschieden. Für sie ein hohes Investment. Doch der Verkäufer ist wohl anderes gewohnt. Offensichtlich will er den Umsatz noch steigern. Er spricht die Kundin offensiv an: „Brauchen Sie nicht noch eine Küche?"

Kundin: „Nein, ich brauche keine Küche."

Auf der Suche nach Kleinigkeiten streift die Kundin durchs Geschäft. Kurz darauf der Verkäufer: „Wir haben exklusive Designer-Küchen mit einem extrem guten Preis-Leistungs-Verhältnis."

Kundin: „Danke. Ich brauche keine Küche. In meiner neuen Wohnung ist schon eine Küche eingebaut."

Verkäufer: „Vielleicht sollten Sie sich die Küchen trotzdem mal anschauen."

Die Kundin ist völlig entnervt und will diesen lästigen Verkäufer möglichst schnell wieder loswerden. Sollte sie irgendwann tatsächlich eine Küche brauchen, dürfen Sie dreimal raten, wohin die Kundin höchstwahrscheinlich nicht geht.

Kein Zuhören = kein Vertrauensaufbau = keine Beziehung = kein Umsatz. So einfach ist diese Gleichung.

Fehler Nr. 5: Mangelndes Engagement

Bleiben wir bei dem Beispiel Möbelhaus. Die Kundin und ihre Freundin haben beim Besichtigen der Möbel das Exponat eines Fotokünstlers entdeckt. Mit ca. 2,60 × 1,50 Meter hat es große Ausmaße und braucht entsprechend Platz, um zu wirken. Das Bild gleicht einem Vogue-Cover. Es gefällt den Frauen auf Anhieb.

Die Kosten: Über 1000 Euro. Das ist der potenziellen Kundin dann doch zu viel und sie sieht von dem Kauf ab. Zuhause beschäftigt sie das Bild aber so sehr, dass sie beim Möbelhaus anruft. Der Dialog läuft wie folgt:

Kundin: „Ich eröffne am dritten Mai den Neubau meiner Firma und interessiere mich für das Bild."

Verkäuferin: „Das ist schon ausverkauft."

Kundin: „Naja, vielleicht können Sie es beim Fotografen noch mal bestellen."

Verkäuferin: „Aber nicht bis zu diesem Zeitpunkt."

Kundin: „Und was ist mit dem anderen Bild in der Ausstellung?"

Verkäuferin: „Das ist auch schon ausverkauft."

Kein Engagement. Kein Entgegenkommen. So etwas nennt man Umsatzverhinderungsstrategie. Macht Sie ein derartiges Gespräch nicht auch sprachlos? Was macht eine solche Verkäuferin im Verkauf? Und wo ist die Führungskraft, die so blind ist, dass sie ein solches Verhalten zulässt?

Tipp 1 – Zuhören im Verkauf

Machen Sie sich immer bewusst: Sie verkaufen mit Zuhören, nicht mit Reden. Schätzen Sie einmal Ihren Redeanteil im eigenen Verkaufsgespräch – sei es in der Kaltakquise oder im persönlichen Kundenkontakt. Wenn Sie bei 70 zu 30 Prozent für den Kunden liegen, ist alles gut. Liegen Sie selbst bei 70 Prozent, haben Sie dem Kunden definitiv zu wenig Raum eingeräumt.

Tipp 2 – Erst Beziehung, dann Verkauf

Eine Beziehung bauen Sie auf, wenn Sie sich wirklich in den Kopf des Kunden hineinversetzen. Das braucht Zeit, ehrliches Interesse und Zuhören, insbesondere, wenn Sie noch keine langfristige stabile Kundenbeziehung haben, sondern den

Kontakt erst aufbauen. Denken Sie sich in seinen Arbeitskontext hinein. Wie sieht sein Arbeitsbereich aus? Mit welchen Materialien befasst er sich? Was ist ihm dabei wichtig? Ist er ein Sicherheitstyp oder eher der harte Preisverhandler? Mag er Produktinnovationen oder legt er Wert auf Altbewährtes? Ist er der Effizienztyp, der schnell Ergebnisse erzielen will, oder der harmonische Sympathieträger, der Zeit braucht und sich schwer entscheiden kann? Welche Kunden hat er selbst? Und welche Erfahrungen hat er mit Lieferanten?

All das spielt eine Rolle. Wenn Sie zuhören, erfahren Sie eine Menge Neues und können bedarfsgerecht beraten. Wenn der Kunde nicht das Gefühl hat, gut beraten zu werden, sieht er keinen Mehrwert in Ihnen als Ansprechpartner. Letztlich kann er seine Produkte oder Dienstleistungen auch woanders bestellen.

4.4 Der Unterschied zwischen Bedarf und Bedürfnis

Zwischen den Zeilen des Kunden lesen

Bedürfnisse sind beim Kauf entscheidend. Dabei gehören auch Beschwerden oder andere Kommunikationsarten, wie Mitarbeiter- oder Beratungsgespräche in einer gewissen Art und Weise in den Bereich Verkauf. Wir möchten unser Gegenüber von etwas überzeugen. Von unsrem Produkt, unsrem Verkaufsprozess, unserer Dienstleitung, von einer Veränderungsmaßnahme, unsrem Gehaltswunsch, unsrer Problemlösungsstrategie oder von uns selbst.

Dem Kunden ist es relativ egal, warum etwas bei Ihnen (gerechtfertigt oder nicht) nicht funktioniert hat. Wenn bei ihm das Band stillsteht, hat er kein anderes Bild und keinen anderen Gedanken mehr im Kopf als die eigene Baustelle, die er nun regeln muss. In dieser Situation gibt es einen Bedarf und ein Bedürfnis. Es kann sein, Sie gehen auf der

Faktenebene auf seinen Bedarf ein und versprechen ihm, die Ware gleich noch mal rauszuschicken. Wenn sein Bedürfnis bei Ihnen kein „Ohr" bekommt, wird der Kunde weiter auf die Barrikaden gehen und Sie wundern sich, warum er sich weiter aufregt, obwohl Sie ihm doch eine Lösung „verkauft" haben. Doch eines hat noch keine Präsenz bekommen und das ist sein Bedürfnis. Wenn bei ihm im Unternehmen das Band stillsteht und er seinen Kopf hinhalten muss, sind einige seiner Bedürfnisse ausschlaggebend. Zum einen ist es extrem dringend. Es muss eine so extrem schnelle Lösung sein, dass am besten gar kein Bandstillstand entsteht. Denn wenn das passiert, ist er in der Verantwortung. Dann könnte es seinen Job kosten. Das wiederum bedeutet, die Lösung ist für ihn buchstäblich existenziell.

Kein Wunder, dass ihm das „Ware ausliefern" als faktische Lösung nicht ausreicht. Die extreme Tragweite seiner Situation, sein Bedürfnis, ist noch nicht abgeholt worden. Wie wichtig Bedürfnisse sind, erkennen Sie, wenn Sie mal dringend zur Toilette müssen. Zunächst können Sie Ihr Bedürfnis noch kontrollieren, wenn dieses menschliche Bedürfnis aber immer dringender wird, gibt es keinen anderen Gedanken und kein anderes Bild mehr im Kopf. Es MUSS dann erfüllt werden.

Welche Rolle spielen also Werte und Bedürfnisse im Kontakt mit dem Kunden und was ist der Unterschied? Der Psychologe Dr. Hans-Georg Häusel ist einer der führenden Neuromarketingexperten. Er hat sich auf neuropsychologischer Ebene intensiv mit der Frage beschäftigt, wie Menschen ticken und warum sie unterschiedlich ticken. Er fand heraus, dass unsere Unterschiedlichkeit grundlegend ist und im Gehirn codiert ist.

Danach prägen nach Häusel drei große Motivsysteme das menschliche Handeln (Häusel 2005):

- der Sicherheitstyp
- der Stimulanztyp und
- der Dominanztyp.

Der Verstand folgt beim Kauf den Instruktionen des limbischen Systems, um möglichst viele gute Gefühle zu erzeugen. Dabei sind nicht bei allen dieselben limbischen Instruktionen ausschlaggebend.

Die unterschiedlichen Typen haben unterschiedliche Bedürfnisse und werden vom limbischen System für völlig unterschiedliche Dinge mit guten Gefühlen belohnt.

War man bis vor zehn Jahren in der Hirnforschung davon ausgegangen, dass der Mensch seine Entscheidungen bewusst und vernünftig trifft, ist heute klar: Es gibt keine Entscheidung, die nicht emotional ist, so Häusel.

Während die individuellen Bedürfnisse unbewusst sind und vom limbischen System beeinflusst werden, liegen Werte im bewussten Bereich. Sie sind von der Kindheit oder der Gesellschaft geprägte Handlungsmuster. Werte können zum Beispiel Freundlichkeit, Sicherheit oder auch Schnelligkeit sein. Bedürfnisse und Werte bedingen sich gegenseitig. Sie geben ein Motiv zum Handeln und wirken sich entscheidend auf die Kommunikation aus.

In jedem Gespräch gibt es einen Unterschied zwischen Bedarf und Bedürfnis. Der Sicherheitstyp hat zum Beispiel den Bedarf „Ware". Er möchte, dass Ware geliefert wird. Sein Bedürfnis ist die Liefersicherheit. Er möchte, dass ihm Zuverlässigkeit gewährleistet wird. Anders ist das beim Dominanztyp. Ihm geht es um „Siegen-Wollen". Er legt Wert darauf, bei Verhandlungen als Gewinner vom Feld zu ziehen oder bei Waren das beste Preis-Leistungs-Verhältnis zu erzielen. Kauft er zum Beispiel einen Grill, muss dieser größer sein als der des Nachbarn. Der Stimulanztyp hingegen hat eher das Bedürfnis nach neuen Möbeln oder einem stilvollen Look auf der Terrasse.

Praxisbeispiel

Beim Verkaufsgespräch in einem exklusiven Autohaus hat sich die Kundin für ein weißes Modell entschieden. Gedanklich hat sie den Kauf bereits abgeschlossen. Der Preis passt, was ihr aber viel wichtiger ist: Die Optik stimmt. Auch ihr Harmonie- und Kommunikationsbedürfnis sind erfüllt, der Verkaufsleiter hat sich ausgiebig mit ihren Bedürfnissen befasst. Und dann kippt das Ganze plötzlich.

Der Verkaufsleiter ist überaus engagiert. Er findet nach mühevoller Recherche noch ein anderes, ein schwarzes Modell. Dieses Modell hat eine bessere Ausstattung als das weiße. Der Verkaufsleiter berichtet stolz von einer besseren Bordelektronik. Das schwarze Modell sei einige Tausend Euro mehr wert, der Unterschied in der Leasingrate sei kaum nennenswert.

Die Kundin hört jedoch „noch mehr Bordelektronik" und nimmt Abstand vom Kauf. Der Verkaufsleiter und der männliche Begleiter der Kundin schauen sich verwirrt an und begreifen nicht, was mit der Kundin los ist. Für die beiden Dominanztypen ist „mehr zum selben Preis" ein ausschlaggebendes Kaufkriterium. Die Kundin hingegen ist überfordert. Ihr gefällt das weiße Modell besser. Noch besser, schneller, höher, weiter erfüllt nicht ihr Bedürfnis. Weitere Elektronik erscheint ihr zu kompliziert und löst als Argument unbewusst eine Kaufblockade aus.

Eine Verkäuferin, die gerade vorbeikommt, erkennt sofort, was das Problem der Kundin ist. Sie beschwichtigt die Kundin, teilt ihr mit, dass das System sehr einfach funktioniere und intuitiv bedienbar sei – ähnlich wie beim Smartphone. Außerdem habe es eine wunderschöne Designoberfläche. Als die Kundin das hört, zieht sie ihre Bedenken innerhalb von Sekunden zurück und entscheidet sich doch für das schwarze (etwas teurere) Modell. Die Verkäuferin hat ihr Kaufmotiv erkannt.

Es gibt also Kauftypen, die ihre Küchengeräte nach den neuesten technischen Errungenschaften erstehen. Je smarter und je elektronischer, desto besser: gut, wenn der neue Staubsaugerroboter per App gesteuert werden kann. Wohingegen der stilbewusste Schöngeist (Optik-Typ) Geräte rein nach optischen Kriterien aussucht. Die ausschlaggebende Frage ist bei ihm: Passen die Geräte zur Inneneinrichtung? Weiße Küchen sind nur mit weißen Geräten kompatibel, die Technik spielt die untergeordnete Rolle.

Dann wiederum gibt es den Typus, der mit Vorliebe sämtliche Supermarktprospekte durchforstet, um von den aktuellen Angeboten zu profitieren. Er wird alle Standorte anfahren, die mit Superschnäppchen locken. Den zeitlichen Aspekt oder dass er dadurch zusätzliches Benzin verfährt, nimmt er dafür gerne in Kauf.

Ein weiterer interessanter Typ ist der sogenannte VIP-Typ. Er gibt sich durch Sätze wie „Wissen Sie eigentlich, mit wem Sie sprechen?" zu erkennen und hat ein ausgeprägtes Bedürfnis nach Anerkennung. Er kennt den Chef persönlich, hat eine Menge sehr bedeutender Beziehungen und hat mit allem eine besondere Erfahrung. Begegnen Sie solchen Typen unbedingt wertneutral und geben Sie ihm das, was er in besonderem Maße braucht: nämlich Aufmerksamkeit. Er hört den eigenen Namen und Titel gerne dreimal und möchte seine besonderen persönlichen Verbindungen gerne betont haben. Es macht keinen Sinn, dieses Bedürfnis zu ignorieren, sonst sind Sie schnell auf Konfrontations- statt auf Verbindungskurs.

Wollen Sie passend und glaubhaft kommunizieren, ist es existenziell, das Kundenbedürfnis im Gespräch in seiner gesamten Bandbreite zu erfassen. Welch unangenehme Konsequenzen es hat, wenn nicht ausreichend auf Bedürfnisse und Motive eingegangen wird, zeigt ein komplexes Fallbeispiel bei einem Stromkonzern.

Praxisbeispiel

Eine Kundin hat ein Schreiben mit der Aufforderung zur Nachzahlung erhalten. Für einen Privatkunden geht es um eine recht hohe Summe. Die Forderung beläuft sich auf 1800 Euro. Die Kundin zeigte sich in ihrem Antwortschreiben entsetzt. Sie äußert, dass sie den Betrag selbstverständlich anstandslos zahlen werde, aber mit der Vorgehensweise des Unternehmens alles andere als einverstanden sei. Wenn ein Mitarbeiter merke, dass der monatliche Abschlag um einiges zu niedrig sei, sei es für sie nicht nachvollziehbar, warum nicht früher reagiert und einer Informationspflicht nachgekommen werde. Das Unternehmen habe offensichtlich gezielt so viel Zeit verstreichen lassen, um diesen hohen Nachzahlungsbetrag zu generieren.

Der Schreibstil der Kundin erweckt den Eindruck einer gebildeten Persönlichkeit, die durchaus Rechte und Pflichten kennt. Die Kundin kündigt an, sie wünsche eine plausible Erklärung für das Vorgehen des Stromanbieters. Ansonsten sehe sie gezwungen, ihren Vertrag zu kündigen.

Die verantwortlichen Mitarbeiter beantworteten das Schreiben mit einem sachlich kühlen Unterton. Man könne nichts tun. Es liege schließlich im Bereich der Eigenverantwortung der Kundin, Änderungen im Haushalt, die Auswirkungen auf die Abschlagszahlungen haben könnten, zu melden. Frei übersetzt: „Kundin ist selbst schuld." Beim näheren Hinterfragen ist dies exakt die Haltung desjenigen Mitarbeiters, der das Antwortschreiben verfasst hat. Die Konsequenz: Die Kundin kündigt.

Nach eingehendem Reflektieren des Falls wird den Mitarbeitern klar, dass diese Kündigung vermeidbar gewesen wäre. Wer hat hier Schuld und wer nicht? Keiner der Beteiligten. Es geht um unterschiedliche Auffassungen von Informationspflicht, Bring- und Holschuld. Wer was hätte tun oder lassen müssen, ist in diesem Fall gar nicht mehr relevant.

Letztlich wünschte sich die Kundin nichts anderes als Mitgefühl. Jemanden, der sie anhört und ernst nimmt. Jemanden, der präsent ist, ehrliches Interesse an ihrer Position hat und verständnisvoll mit ihr umgeht – wie eine Mutter, die ihr verletztes Kind tröstet nach dem Prinzip: Die Verletzung ist passiert, aber ich kann dir zuhören und dich trösten. Die Wahl des Mediums ist an der Stelle auch entscheidend. Ein Griff zum Telefon wäre schon hilfreich gewesen.

Tipp 1 – Bedürfnisse ermitteln

„Wenn du es eilig hast, gehe langsam." Dieses alte chinesische Sprichwort von Konfuzius kann jeder nachvollziehen, der schon mal versucht hat, in höchster Eile einen doppelseitigen Reißverschluss zu schließen. Es zeigt, worauf es auch in einem erfolgreichen Gespräch ankommt. In Eile beraten, hektisch eine passende Lösung finden, macht keinen Sinn. Dann besteht keine Chance, die teilweise ungesagten, unbewussten Bedürfnisse des Kunden zu hören und dem Gewünschten zu entsprechen.

Dazu eignen sich folgende Fragestellungen an den Kunden: Was ist Ihnen wichtig? Worauf legen Sie ganz besonderen Wert? Was müsste passieren, dass es wunschgemäß läuft? Was wäre jetzt hilfreich? Was müsste passieren, dass Sie einverstanden sind?

Wenn Sie bereits eine Ahnung haben, um welchen Bedürfnis-Typ es sich handelt, können Sie das auch in die Formulierung weiterer Fragen einbinden: Was wäre in Ihren Augen (Optiktyp) Ihrer Meinung nach (Dominanztyp) aus Ihrem Erfahrungsschatz heraus (VIP-Typ) wichtig? Mit diesen Bedürfnisfragen werden Sie die für den Kunden relevanten Dinge erfahren. Die können völlig konträr zu den eigenen Vorstellungen sein. Jeder Kopf ist schließlich eine eigene Welt.

Tipp 2 – Die Wahl des Mediums

Wie das Stromkonzernbeispiel zeigt, ist die Wahl des Mediums bedeutend. Gehirn 1.0 versus Arbeitswelt 4.0 bedeutet in diesem Kontext, dass wir in bestimmten Situationen um einen persönlichen Kontakt nicht herumkommen. Auch wenn die elektronischen Kommunikationsmittel oft der effizientere und bequemere Weg sind. In den meisten Fällen spricht auch nichts dagegen. Wenn aber der Kundenkontakt erst entsteht oder ein Kunde im Beschwerdefall sehr emotional ist, ist der direkte Weg über das Telefon oder über einen persönlichen Kundenkontakt immer die bessere Wahl. Nur im persönlichen Kontakt hören wir die feinen Nuancen in der Stimme, erleben Gestik und Mimik, haben ein Gefühl für den Anderen und können spontan reagieren.

5

Tipps für die Praxis

Zusammenfassung Zuhören heißt auch entschleunigen. Das gelingt durch Beobachten: sich selbst, die eigenen Gedanken und Gefühle, aber auch den Anderen, um eine bessere Verbindung aufzubauen. Die Augen des Gesprächspartners verraten viel von seiner Persönlichkeit. Die Körpersprache zeigt, wie es um das Innere des Anderen aussieht. Feedback geben heißt, in der Kommunikation Verborgenes transparent zu machen, um gegenseitiges Verständnis und Vertrauen zu fördern. Es bedeutet auch, sich nicht nur auf Fehler und Defizite Anderer zu fokussieren, sondern zu äußern, was wir gut finden. Solche Äußerungen sind keine Selbstverständlichkeit und wirken sich positiv auf eine gute Zusammenarbeit aus.

© Springer Fachmedien Wiesbaden GmbH, ein Teil von
Springer Nature 2019
A. Ames, *Schlüsselkompetenz Zuhören*, Fit for Future,
https://doi.org/10.1007/978-3-658-27188-6_5

5.1 Die Augen sind der Spiegel der Seele

Haben Sie schon einmal ganz besonders auf die Augen von Menschen geachtet? Fragen Sie sich einmal ernsthaft, wann Sie jemandem bei einer morgendlichen Begrüßung intensiv in die Augen geschaut haben.

Praxisbeispiel

Bei einer Meditation im Rahmen einer Führungsschulung zeigte ein Benediktinerpater einmal Porträts von Menschen, Gesichter. Es wurde dabei nichts gesprochen, und wir hatten als Teilnehmende einzig und allein die Aufgabe, auf die Augen zu achten. Eine alte Frau habe ich dabei besonders in Erinnerung behalten. Sie wird weit über 80 Jahre alt gewesen sein, als sie porträtiert wurde. Ihr Gesicht erzählte vom Leben, Spuren von Erfahrungen, gute wie schlechte. Ihre Augen jedoch strahlten. Sie leuchteten wie die Augen eines Kindes. Augenscheinlich hatte es das Leben nicht geschafft, sie zu brechen. Sie hatte sich ihr inneres Kind bewahrt. Eine faszinierende Frau, die allein mit ihren Augen eine wichtige Lebenslektion vermittelte: Freude und Gelassenheit sind keine Frage des Alters.

Die meisten Menschen rennen durch ihren Alltag, sie reden, sie bewerten, sie analysieren, haben zu allem etwas zu sagen und sind laut. Dann wundern sie sich, warum sie sich am Ende des Tages ausgebrannt fühlen und das Umfeld nicht das tut, was es soll. Ihr Kopf rattert. Sie sind mit den Gedanken kaum beim Gesprächspartner, weil parallel Arbeitsaufträge, Einkaufsliste und die Organisation fürs Wochenende geplant werden. Sobald der Gesprächspartner von sich erzählt, wird kommentiert. Berichtet er von einem beginnenden Schnupfen, werden sofort alle Tipps und Ratschläge rund um das Thema Schnupfen ausgepackt. Ungefragt wohlgemerkt.

Selbst wenn ein guter Ratschlag dabei ist, wird er abgelehnt, weil der Andere nur im Erzählmodus ist – nicht im Coachingmodus. Er hat nicht um Ratschlag gebeten. Beide reden typischerweise aneinander vorbei, und der Ratgebende zieht beleidigt von dannen, weil seine Tipps ins Leere laufen. Viel Energieverschwendung.

Zuhören braucht ein paar wichtige Regeln:

- Bewerten und kommentieren Sie nicht.
- Spiegeln und hinterfragen Sie, um den Anderen wirklich zu verstehen.
- Fokussieren Sie sich voll und ganz auf Ihren Gesprächspartner.
- Geben Sie nur Ratschläge, wenn Sie darum gebeten werden.
- Halten Sie sich mit Ihren eigenen Geschichten zurück, damit das Redebedürfnis des Anderen nicht zu kurz kommt.

Wenn Sie auch zu der Fraktion gehören, deren Kopf nicht stillsteht, während ein Anderer erzählt, wenn Sie zu allem Ihren eigenen Kommentar abgeben wollen, üben Sie sich in der Kunst des Beobachtens. Beobachten Sie Ihre eigenen Gedanken. Machen Sie sich bewusst, dass Sie gerade in Begriff sind, nicht mehr zuzuhören, und achten Sie auf die Augen Ihres Gesprächspartners. Diese sprechen Bände und erzählen spannende Geschichten.

Was strahlen sie aus? Ist es ein klarer Blick? Spricht er für Struktur, Aufgeräumtheit und Ernsthaftigkeit? Oder ist es ein weicher, freundlicher Blick? Der Harmonie und Wohlwollen ausstrahlt?

Kann Ihr Gesprächspartner den Blick halten? Schaut er mit geneigtem Kopf, als Zeichen von Sympathie, oder ist es eher der konfrontative Typ, der keinen Kampf scheut und den Wettbewerb liebt? Bricht der Andere in verlegenes Lachen aus? Versucht er, Sie mit seinem Charme zu becircen?

Oder ist er unsicher und möchte Ihrem Blick am liebsten ausweichen, weil er sich sofort verunsichern lässt?

Die Augen sind der Spiegel der Seele. Sie verraten, wie der Mensch tickt. Versuchen Sie auch hier nicht zu bewerten. Die Menschen sind, wie sie sind – mit allen Licht und Schattenseiten.

All das erfahren Sie schon, wenn Sie jemandem intensiv in die Augen schauen. Sie werden darin viel Lebensspuren sehen und beschäftigen gleichzeitig Ihren Geist. Aber das Beste: Sie vermitteln durch Ihre Ruhe und Ihren Augenkontakt, dass Sie präsent sind.

5.2 Körpersprachliche Signale erkennen

Unser körpersprachliches Verhalten ist inzwischen zur Genüge analysiert worden. Es gibt zahlreiche Bücher, Videos und Trainings zu diesem Thema. Und doch: Seinen Körper in einer emotional schwierigen Situation zu kontrollieren, ist fast nicht möglich. Lampenfieber während einer Präsentation sorgt dafür, dass der Körper ein Eigenleben führt. Der Präsentator weiß vielleicht in der Theorie, wo er idealerweise seine Hände positionieren soll, um eine souveräne Wirkung zu erzeugen, nämlich im positiven Bereich über der Gürtellinie.

Wenn der Körper Stress empfindet, ist einerlei, ob der Stress wie in der Steinzeit lebensgefährlich sein könnte, weil ein Angriff droht, oder ob ein Präsentator vor Publikum steht. Es werden dieselben Stresshormone ausgeschüttet und der Körper versucht, sie über Bewegung wieder abzubauen. Das kann sich zeigen, indem Hände nervös in die Hosentaschen greifen, durch in die Hüften gestemmte Arme oder durch hektisches Hin- und Herlaufen.

Bei einer Verhandlungssituation zeigen dominante durchsetzungsstarke Menschen durch ihr gesamtes Auftreten, dass sie sich überlegen fühlen und gewinnen wollen. Sie halten den Blick, der Kopf ist nicht leicht zur Seite geneigt, um ein freundschaftliches beziehungsorientiertes Verhältnis zu signalisieren sondern gerade, offensiv bis konfrontativ. Sie zeigen bereits beim Händedruck, wer die Hand oben hält und sich als Sieger fühlt. Menschen, die sich eher verunsichern lassen oder schnell merken, dass sie die Unterlegenen sind, zeigen durch nervöses Bewegen ihrer Extremitäten, dass sie sich unwohl fühlen. Das kann ein Hin- und Herrutschen auf dem Stuhl sein, ein nervöses Haare aus der Stirn Streichen, oder ein Kneten der Hände. Das Unterbewusstsein des Gegenübers registriert sofort: Hier ist Unsicherheit im Spiel.

Mimik, Gestik und Haltung spiegeln also innere Zustände. Diese wiederum können Ihnen in der Kommunikation helfen. Sie müssen sich nur in Zeichensprache üben. Legen Sie den Fokus einmal auf die Körpersprache und Sie erhalten wichtige Informationen.

Kinder spiegeln uns sehr deutlich, wann sie mit etwas einverstanden sind oder nicht. Ein Baby macht sich mit lautstarkem Schreien bemerkbar, wenn seine Grundbedürfnisse wie Essen, Schlafen, Trinken oder Zuwendung nicht erfüllt sind. Beim Essen spuckt es Dinge wieder aus, wenn es satt ist oder ihm etwas nicht schmeckt. Die Mimik zeigt zunächst deutlich die Ablehnung und anschließend ein strahlendes Lächeln, als ob es signalisieren will: „Ich bin hier Chef! Trotz meines zarten Alters treffe ich bereits meine eigenen Entscheidungen."

Der Körper eines Schulkindes zeigt ebenso deutlich, wenn es sich überfordert fühlt. Das Kind kann sich so in die Ablehnung von Aufgaben und Aufgabenumfang hineinsteigern, dass es in einen Heulkrampf verfällt und mit rotgefleckter Haut in Gesicht und am Hals reagiert.

Der Erwachsene hat zwar in einer gewissen Weise gelernt, sein körpersprachliches Verhalten anzupassen. So legt er am Telefon nicht auf, wenn ein Kunde extrem verärgert ist. Er verlässt keine Verhandlungssituation, selbst wenn er sich total in die Ecke gedrängt fühlt. Dennoch zeigt sein Körper – besonders in einer Stress-Situation, was gerade in ihm vorgeht.

Mitarbeitergespräche empfinden viele – Chefs wie Mitarbeiter – als unangenehm, besonders bei heiklen Gesprächen wie zum Thema Minderleistung. Die Situation ist zum Beispiel folgende: Der Mitarbeiter arbeitet zu langsam, macht zu viele Fehler oder ist immer wieder unpünktlich. Es herrscht Unwohlsein auf beiden Seiten. Schon der Satz „Wir müssten mal reden!" sorgt auf der Mitarbeiterseite für negative Gefühle. Vielleicht ist er sich seiner Minderleistung gar nicht bewusst. Es kann auch sein, dass er Probleme mit Arbeitsweisen oder Kollegen hat oder er hat ganz einfach ein mangelndes Vertrauensverhältnis zu seinem Chef. Die Gründe können vielschichtiger Natur sein. Im Gespräch sprechen die Körper der Beteiligten Bände. Der Mitarbeiter hängt zum Beispiel tiefenentspannt in seinem Stuhl. Er signalisiert: „Du kannst mir nichts anhaben." Oder: „Ich bin mir keiner Schuld bewusst." Es kann auch das Gegenteil der Fall sein, dass er sich sofort nach vorne lehnt. Sein Blick spiegelt „Einspruch": „Ich bin nicht einverstanden." Manch einem kommen sogar die Tränen. Er fühlt sich möglicherweise zu Unrecht angegriffen oder nicht genügend wertgeschätzt.

Auch die Führungskräfte zeigen ihren innerlichen Zustand über die Körperebene. Es kann sein, dass sie trotz Sitzposition ihre Hände in die Hüfte und die Ellenbogen nach oben stemmen. Damit demonstrieren sie: „Ich will was von dir."

Sitzpositionen oder Räumlichkeiten haben ebenfalls einen entscheidenden Einfluss auf die Kommunikation. Bei einem Elterngespräch in einer Grundschule installierten Lehrer einmal eine sehr wirkungsvolle Sitzanordnung – im negativen Sinne.

Es ging um eine Ganztagsschule mit einem speziellen pädagogischen Konzept. So kam es, dass nicht eine Person das Gespräch führte, sondern gleich vier: zwei Pädagogen bzw. Erzieher und zwei Lehrer. Sie saßen zu viert in einer Reihe an zwei aneinandergestellten Tischen. Der Stuhl für das jeweilige Elternteil stand einsam und allein direkt gegenüber, wie vor Gericht. Der Stuhl des Elternteils war so positioniert, als säße es auf der Anklagebank oder in einer Prüfung vor einem Prüfungsausschuss. Ich fürchte, den Lehrern war die negative Wirkung dieser Sitzanordnung nicht bewusst. Das Gespräch begann schließlich mit folgenden Worten: „So Frau XY, dann erzählen Sie mal." Der Eindruck mangelnder Wertschätzung und Sensibilität stellte sich innerhalb weniger Sekunden ein und bestätigte sich im weiteren Verlauf des Gesprächs.

5.3   Umgang mit Emotionen

Feedback geben öffnet

Die Frage ist, wie Sie die Körpersprache beim Zuhören einsetzen können. Zunächst einmal ist die Sitzposition wichtig. Über Eck gestellte Stühle erzeugen sofort ein Miteinander, während einander gegenüber gestellte Stühle konfrontativ wirken. Wenn Sie beim Kunden sind und freie Sitzplatzwahl haben, achten Sie darauf, sich einen Stuhl auszusuchen, der über Eck steht. Intime Gespräche über Konflikte oder unstimmige Verhaltensweisen lassen sich außerhalb des Büros leichter und entspannter führen als am Arbeitsplatz. Wichtig ist, dass ein vertrauliches Vieraugengespräch möglich ist.

Wenn Sie im Gespräch körpersprachliche Signale erkennen und Sie nicht deuten können, hinterfragen Sie sie. Formulieren Sie, was sie gerade wahrnehmen, zum Beispiel:

- „Scheinbar sind Sie nicht einverstanden mit meinem Vorschlag …" oder
- „Ich habe den Eindruck, ich verunsichere Sie …" oder
- „Sie wirken gerade, als ob sie sich zu Unrecht angegriffen fühlen …"

Nach einem solchen Feedback lassen Sie dem Gesprächspartner Zeit zu reagieren. Sie werden überrascht sein, wie viel er von seinem eigentlichen inneren Zustand preisgibt. So lassen sich Widerstände bei Konflikt- oder Beschwerdegesprächen aufklären, ebenso wichtige Einwände beim Verhandlungs- oder Mitarbeitergespräch. Nur wenn die inneren Widerstände zur Sprache kommen, haben Sie die Chance auf ein wirkliches Miteinander und eine Win-Win-Situation.

Feedback geben spielt auch bei der Klärung eigener innerer Widerstände eine Rolle.

Nehmen wir eine klassische Situation im Großraumbüro:

Praxisbeispiel

Ein Kollege merkt, dass es im Raum stickig und warm ist. Er öffnet das Fenster. Die Kollegin sitzt direkt am Fenster. Sie liebt ihren Platz mit Sicht auf die Außenanlage des Bürogebäudes, aber sie sitzt ungern im Zug. Außerdem ist es ihrer Ansicht nach viel zu kalt. Die beiden Kollegen haben ein völlig unterschiedliches Temperaturempfinden. Das eigenmächtige Fensteröffnen des Kollegen stört sie. Ihren Unmut äußert sie dennoch nicht. Sie will keinen Stress machen und schluckt ihren Ärger. Am nächsten Tag dieselbe Situation. Der Kollege reißt erneut ohne zu fragen das Fenster auf. Die Kollegin ist entsetzt über so viel Egoismus, reißt sich aber zusammen, um keinen Streit zu provozieren. Die Szene wiederholt sich. Die Kollegin kann sich allmählich nicht mehr zusammenreißen und bringt körpersprachlich zum Ausdruck, dass sie friert, indem sie sich Schal und Jacke umlegt. Verbal schweigt sie. Spätestens nach einer Woche eskaliert die Situation. Die Kollegin fühlt sich durch die Fenstergeschichte persönlich angegriffen. Lautstark macht sie ihrem Ärger Luft. Der Kollege schaut sie völlig entgeistert an und begreift nicht, was überhaupt los ist. Nachdem die Kollegin sich emotional über das rücksichtslose Verhalten moniert hat, zuckt er nur mit den Schultern und meint: „Soll sie doch sagen, was sie stört."

Das Entscheidende ist: Lange aufgestauter Ärger sorgt dafür, dass wir unsere Emotionen nicht mehr im Griff haben. Dann folgt ein emotionaler Ausbruch, der keinerlei Verhaltensänderung bewirkt, weil der Kollege diesen Ausbruch gar nicht ernst nimmt.

Besser ist, eine Störsituation anzusprechen, wenn sich noch kein allzu großer Ärger angestaut hat. Voraussetzung für eine konstruktive Problemlösung ist, sich selbst erst einmal über den eigenen Anteil klar zu werden. Worum geht es der Kollegin eigentlich? Ist sie sauer, weil sie körperliche Konsequenzen fürchtet, wie eine lästige Erkältung? Oder geht es vielmehr um mangelnden Respekt? Der Kollege hat sie beim Fensteröffnen nicht gefragt und damit außer Acht gelassen. Sie deutet das als „Egoismus" und „Rücksichtslosigkeit". Die Situation könnte sie auch als wertvolle Lernerfahrung sehen. Nämlich zu lernen, ein Feedback über innere Zustände zu geben und sich damit Respekt zu verschaffen.

Einmal kommuniziert: „Lieber Kollege, es stört mich, dass Du das Fenster öffnest, ohne vorher zu fragen. Ich bin empfindlich gegen Zugluft und erkälte mich leicht. Außerdem fühle ich mich respektlos behandelt, wenn Du nicht fragst", macht Anderen die eigene Sichtweise bewusst und fördert gegenseitiges Verständnis.

Geäußertes Feedback eröffnet Handlungsalternativen. Wie soll der Andere wissen, wie es einem geht, wenn wir es nicht äußern?

5.4   Sprachmuster erkennen

Verallgemeinerungen, Tilgungen und Verzerrungen

Echtes Zuhören bedeutet nicht nur zu beobachten und auf körpersprachliche Signale zu achten sondern auch auf die Tonalität einer Aussage. Letztlich geht es wie beim Musizieren darum, mit den verschiedensten Klangfarben zu spielen und dem gespielten Werk damit eine Stimme zu geben. Grundlage einer musikalischen Interpretation ist immer die emotionale Haltung. Weich klingt anders als traurig, traurig anders als heiter und heiter anders als wütend. Diese Emotionen drücken sich in der Kommunikation über die Stimme, aber auch über bestimmte Sprachmuster aus:

- Verallgemeinerung,
- Verzerrung und
- Tilgung.

Wenn eine Frau sagt: „Ich habe nichts zum Anziehen", können unterschiedlichste Kontexte und Stimmungen in die Aussage einfließen (Abb. 5.1). Sie kann damit ausdrücken, dass sie endlich wieder zum Shoppen möchte, oder sie ist frustriert, weil sie ein Gewichtsproblem hat und ihr ihre Kleidungsstücke nicht mehr passen. Ebenso kann es sich darum handeln, dass sie für einen besonderen Anlass nichts Passendes findet. Emotional kann sie also mit sich hadern, voller Vorfreude auf die nächste Shoppingtour oder auch völlig verzweifelt sein, weil sie mit sich selbst und ihrem Erscheinungsbild gerade nicht im Einklang ist.

Abb. 5.1 Kleiderschrank

„*Nichts* zum Anziehen" ist die sogenannte Oberflächen-struktur der Sprache. In der Tiefenstruktur dieser Aussage wird durch die Verallgemeinerung deutlich, dass emotiona-ler Stress zugrunde liegt. Mit „*Nichts* zum Anziehen" dra-matisiert die Frau: Sie will gehört werden.

Praxisbeispiel

Bei einer großen deutschen Tageszeitung kommt es im Kun-denservice des Öfteren zu folgender Kundenaussage: „Wo bleibt *meine* Zeitung? – *Nie* liefert ihr pünktlich!"

„Meine Zeitung" zeigt den Besitzanspruch des Kunden. Das „nie" wiederum verdeutlicht die Emotion. Gerade äl-tere Kunden sind gerne einmal verärgert, wenn die Zeitung auch nur fünf Minuten zu spät kommt. Sie fühlen sich in ihrem Ritual, in ihrer gewohnten Tagesstruktur gestört.

Dabei kann das „nie" bedeuten, dass die Zeitung dreimal in der vergangenen Woche unpünktlich ausgeliefert wurde. Es kann aber auch bedeuten, dass sie einmal im vergangenen Jahr zu spät ausgeliefert wurde. Für den Kunden bedeutet es ein Verlassen von gewohnten Strukturen, und diesem Ärger muss er Luft verschaffen.

„Meine Zeitung" ist eine Verzerrung, genauso wie die Aussage eines Elternteils dem Kind gegenüber: „Du machst mich wahnsinnig." Das Kind macht selbstverständlich nicht wahnsinnig. Es handelt sich um ein Überdramatisieren in der Hoffnung, im „Schmerz" gehört und ernst genommen zu werden.

Praxisbeispiel

Wenn sich der Leser der Tageszeitung über redaktionellen Inhalt beschwert, verwendet er selten die Worte: „Der redaktionelle Inhalt stimmt nicht." Vielmehr hören die Mitarbeiter folgende Aussage: „Das kann man doch so nicht schreiben." – Was heißt hier so und wer sagt das? Darauf folgt meist die Aussage: „Das finden alle." – Wer ist alle?
„Die ganze Straße." – Wer ist die ganze Straße?
„Der Herr Meier und ich." – Ah ja …

Wichtig ist, beim echten Zuhören auf die Tonalität zu achten und die Formulierungen genau zu hinterfragen, *bevor* Sie irgendwelche Lösungsvorschläge machen. Diese werden ansonsten vom Kunden boykottiert, weil er sich nicht genügend abgeholt fühlt und für einen Lösungsvorschlag noch nicht zugänglich ist.

Wie können Sie dabei vorgehen? Indem Sie den Wortlaut des Gegenübers genau hinterfragen, können Sie verstehen, was wirklich in ihm vorgeht.

> **Praxisbeispiel**
>
> Der Kunde sagt: „Der Drucker geht schon wieder nicht."

Was heißt hier schon wieder? Der Kunde hat nicht gesagt: „Der Drucker geht nicht." Er meint „schon wieder nicht". Wenn Sie darauf nicht eingehen und als Lösung lediglich „er müsste jetzt eigentlich gehen" erwidern, klingt die Lösung unglaubwürdig. Es geht dem Kunden unter Umständen vielmehr darum, dass sich die IT-Probleme in letzter Zeit häufen. Oder es steht ein gravierenderes Problem für seinen Arbeitskontext dahinter. Er ist beispielsweise über Stunden in seiner Arbeit blockiert und unter Druck, weil er einen wichtigen Ausdruck braucht. Der Kunde braucht in der Aussage die Sicherheit, dass Sie den Ernst der Lage begriffen haben.

Fragen, die Sie zum Beispiel stellen können:

- Aussage: Der Drucker geht schon wieder nicht. – Frage: Was heißt schon wieder? – Wann gab's schon mal Probleme? – Wie dringend bräuchten Sie den Drucker?
- Aussage: Sie sagen, nie liefern wir pünktlich. – Frage: Was heißt nie? Inwiefern nicht pünktlich? – Wie dringend bräuchten Sie denn die Ware?
- Aussage: Das wird sich nie ändern. – Frage: Was wird sich nie ändern? – Inwiefern wird es sich nicht ändern? – Was müsste Ihrer Meinung nach passieren, dass es sich verändert?
- Aussage: Das macht mich sprachlos. – Frage: Was genau macht Sie sprachlos? – Inwiefern sprachlos?
- Aussage: Das kann man so nicht schreiben. – Frage: Was heißt so? – Inwiefern kann man das so nicht schreiben? – Wer meint das? – Wie müsste man es anders gestalten?

Durch genaues Hinterfragen werden Sie sich besser in Ihr Gegenüber hineinversetzen können und haben eine genauere Vorstellung davon, wie er empfindet und was in seinem Kopf gerade vorgeht. Das schafft Verbindung und Glaubwürdigkeit beim anschließenden Lösungsprozess.

5.5   Beziehungen stärken

Positive Feedbacks

Last but not least können wir unsere Beziehungen immer mit positivem Feedback stärken. Ich nenne es gerne „Glücksbotschaften". Meistens fokussieren wir uns auf „Fehler" und „Defizite" in den Verhaltensweisen von Menschen, die sich in unsrem Umfeld bewegen. Dabei hört jeder gerne Positives über sich selbst.

Überlegen Sie, was Sie am Anderen mögen, wofür Sie ihn bewundern und wie Sie ihn in den verschiedensten Situationen erleben. Damit stärken Sie nicht nur seine Persönlichkeit, sondern auch die Verbindung. Danken Sie Ihrem Kunden für die Geduld, die er mit der letzten Lieferung hatte. Sagen Sie Ihrem Chef, dass Sie ihn für seine Visionen und seine Präsens bewundern. Teilen Sie Ihrem Mitarbeiter mit, dass Sie glücklich sind, sich so auf ihn verlassen zu können. Bedingung ist, dass Sie es ehrlich meinen und es sich nicht um leere Worthülsen handelt.

> **Praxisbeispiel**
>
> Die Vertriebsmitarbeiterin eines Unternehmens für medizintechnische Produkte schrieb ein halbes Jahr nachdem sie Ihre neue Stelle im Unternehmen angetreten hatte, Ihren Innendienst-Kollegen einen handgeschriebenen Brief. Darin würdigte sie die gute Zusammenarbeit und dass sie sich freue, auf solch sympathische und hilfsbereite Kollegen zu

stoßen. Das sei keine Selbstverständlichkeit für sie. Die Innendienst-Kolleginnen hatten Tränen in den Augen, als sie den Brief lasen. So etwas hatten sie nie zuvor erlebt. Sie waren tief berührt.

Machen Sie sich immer wieder bewusst: Zu einer erfolgreichen Kommunikation gehören Verbindungen. Es sind immer noch Menschen, die hier zusammenarbeiten und die Maschinen installieren, programmieren, neue Ideen entwickeln und viel Zeit ihres Lebens miteinander verbringen. All die Schnelligkeit und den Leistungsdruck können wir mit echtem Zuhören entschleunigen. Was wir an Wertschätzung und Aufmerksamkeit in Beziehungen investieren, werden wir doppelt und dreifach wieder zurückbekommen.

Ich wünsche Ihnen bei allem: Gutes Gelingen!

Literatur

Bückmann, B. (2018). https://www.gesundheitsstadt-berlin.de/pflege-roboter-pepper-wird-in-senioreneinrichtung-getestet-12922/. Zugegriffen am 20.06.2019.

Gabrieli, J. (2019). Science of learning. https://www.youtube.com/watch?v=cdHlYWdnU04. Zugegriffen am 20.06.2019.

Germis, C. (2013). Pflegeroboter. https://www.faz.net/aktuell/gesellschaft/gesundheit/pflegeroboter-meine-rollende-nachtschwester-heisst-rimo-12595879.html. Zugegriffen am 20.06.2019.

Grün, P. A. & Janssen, B. (2017). *Stark in stürmischen Zeiten,* München: Ariston.

Gründling, K. (2015). Der Upstalsboom Weg. https://www.youtube.com/watch?v=culjElgNTmw. Zugegriffen am 20.06.2019.

Häusel, H.-G. (2005). Wie Kaufentscheidungen im Gehirn wirklich fallen. http://www.haeusel.com/wp-content/uploads/2016/03/Tatendrang20_ThinkLimbic_110531.pdf. Zugegriffen am 24.04.2019.

Holl, C. (2015). Geheimtipp für Mitarbeiterbindung: Aktives Zuhören. https://www.roberthalf.de/blog/geheimtipp-fuer-ihre-mitarbeiterbindung-aktives-zuhoeren. Zugegriffen am 20.04.2019.

© Springer Fachmedien Wiesbaden GmbH, ein Teil von Springer Nature 2019
A. Ames, *Schlüsselkompetenz Zuhören*, Fit for Future,
https://doi.org/10.1007/978-3-658-27188-6

Joho, K. (2018). Jobs der Zukunft. https://www.wiwo.de/unternehmen/mittelstand/hannovermesse/jobs-der-zukunft-die-arbeitswelt-wird-sich-komplett-auf-links-drehen/20828426-all.html. Zugegriffen am 20.06.2019.

Kruse, W. (2012). Industrialisierung und moderne Gesellschaft. https://www.bpb.de/geschichte/deutsche-geschichte/kaiserreich/139649/industrialisierung-und-moderne-gesellschaft. Zugegriffen am 23.04.2019.

Kuhn, P., & Seibert, K. (2018). https://www.welt.de/wirtschaft/article181553478/Automatisierung-So-hart-wird-die-Zukunft-in-der-Arbeitswelt.html. Zugegriffen am 20.06.2019.

Palka, A. (2018). Digitalisierung gefährdet Millionen von Jobs. https://www.handelsblatt.com/unternehmen/management/digitaletransformation/oecd-studie-zur-zukunft-des-arbeitsmarktes-digitalisierung-gefaehrdet-millionen-von-jobs-welche-besonders-betroffen-sind/21217278.html. Zugegriffen am 20.04.2019.

Rettig, D. (2010). Reden ist Silber, Zuhören Gold. https://www.wiwo.de/archiv/kommunikation-reden-ist-silber-zuhoeren-gold/5634174.html. Zugegriffen am 20.04.2019.

Rogers, C. (1985). Die Grundhaltungen der Personenzentrierten Gesprächstherapie. https://www.carlrogers.de/grundhaltungen-personenzentrierte-gespraechstherapie.html. Zugegriffen am 24.04.2019.

Specht, C., & Penland, P. R. (2016). Wer etwas zu sagen hat, muss zuhören können. https://www.zeit.de/karriere/2016-02/aktives-zuhoeren-kommunikation-verbesserung. Zugegriffen am 21.04.2019.

Steinmeier, F.-W. (2019). http://neu.stiftung-zuhoeren.de. Zugegriffen am 23.04.2019.

Süddeutsche Zeitung. (2010). Hirnforschung: Was hast du gesagt Schatz? https://www.sueddeutsche.de/wissen/hirnforschung-was-hast-du-gesagt-schatz-1.625803. Zugegriffen am 22.04.2019.

Textor, M. R. (2007). Die Erzieher-Kind-Beziehung aus der Sicht der Forschung (2007). https://www.kindergartenpaedagogik.de/fachartikel/gruppenleitung-erzieherin-kind-beziehung-partizipation/beziehungsgestaltung-gespraechsfuehrung-konflikte/1596. Zugegriffen am 19.04.2019.

Wallis, C. (2018). Verbale Intelligenz: Ein Gespräch ist mehr als nur Worte. https://www.spektrum.de/news/ein-gespraech-ist-mehr-als-nur-worte/1563362. Zugegriffen am 18.04.2019.

Wallraff, G. (2007). Undercover. https://www.zeit.de/2007/22/Guenter-Wallraff. Zugegriffen am 24.04.2019.

Weisbach, C.-R., & Sonne-Neubacher, P. (2015). *Professionelle Gesprächsführung* (9. Aufl.). München: Deutscher Taschenbuch.